日本共産党政権奪取の条件

保守主義者
適菜収

共産主義者
清水忠史

KKベストセラーズ

日本共産党　政権奪取の条件

まえがき

日本共産党がここまで注目を浴びる時代が来るとは思っていなかった。

平成の三〇年間を吹き荒れた構造改革の嵐は、細川政権（実態は小沢政権）、橋本政権、小泉政権、民主党政権を経由して、ついには戦後の政治腐敗の総決算ともいえる安倍政権を生み出した。

守旧派、抵抗勢力、伏魔殿、「こんな人たち」といった「敵」をでっちあげ、大衆のルサンチマン（恨みつらみ）、嫉妬心、復讐心に火をつけて煽りたてることで、「風に乗って」きた人たちがいる。

大衆は三度の飯より「改革」が好きである。

善悪二元論的な桃太郎の紙芝居に熱狂し、社会を破壊し、最終的には自分たちの足場を解体する。

その過程で日本の権益が失われてきた。グローバル企業にとっては、一国の利益は問題ではない。

二〇一三年に安倍は「（日本は）シンガポールに追いつき、できれば追い越したい」と発言。

《「オープン」、「チャレンジ」、「イノベーション」。常に、私たちの改革を導くキーコンセプトです。もはや岩盤のように固まった規制を打ち破るには、強力なドリルと、強い刃が必要です。（中略）電力や農業、医療分野で規制の改革を進め、新たなサービス、新しい産業を興し、日本経済の活力を、そこから引き出します。規制改革のショーケースとなる特区も、総理大臣である私自身が進み具合を監督する「国家戦略特区」として、強い政治力を用いて、進めます》

本人が述べている通り、安倍が目指しているのは、外国資本と移民を呼び込み、外国人メイドに子育てをさせ、主婦を労働力として駆り立てるような社会、シンガポールのような人工国家、独裁国家である。日本はすでに世界第四位の移民大国になっているが、さらに、二〇二五年までに五〇万人超の単純労働者が日本に入ってくることになっている。

二〇一四年の世界経済フォーラム年次会議（ダボス会議）の冒頭演説で安倍は、徹底的に日本の権益を破壊すると宣言。電力市場の完全自由化、医療の産業化、コメの減反の廃止、法人税率の引き下げ、外国人労働者の受け入れなどを並べ立て、「そのとき社会はあたかもリセット・ボタンを押したようになって、日本の景色は一変するでしょう」と言い放った。

典型的な〝ファミコン脳〟だが、これらの工作はほぼ完了したとみていい。安倍はTPPを推進し、水道事業の民営化や放送局の外資規制の撤廃も目論んできた。入管法改定に関しては法務省がデータをごまかしていたことが明らかになったが、森友事件における財務省の公文書改竄、南スーダンPKOにおける防衛省の日報隠蔽、裁量労働制における厚生労働省のデータ捏造など、すでにわが国は常識が通用しない三流国になっている。これらはいずれも安倍案件だ。

こうした中、「国益を守れ」「社会を守れ」「地域を守れ」と主張する日本共産党に国民が関心を持つようになったのは、当然なのかもしれない。急進的に国の形を変えようとする連中に比べ、旧態依然とした共産党の主張は「保守的」に見えなくもない。

しかし、日本共産党とは相いれない部分も多い。私は共産主義も新自由主義と同様、近代が生み出した病であると考えているからだ。

日本共産党が政権を取る日は来るのか？

本対談で明らかにするようにいくつかの条件をクリアしない限り、国民の信頼を集めるのは難しいと思う。

そこで、私の失礼な質問にも、やさしく、面白く、かつ的確に答えてくれる衆議院議員で日本共産党大阪府委員会副委員長の清水忠史さんとわが国の現状とその打開策について語った。
私たちの共通の敵は同じである。

保守主義者　適菜　収

日本共産党 政権奪取の条件

目次

第一章 カジノ・万博、アホちゃうか 17

第二章

維新と吉本興業が大阪をダメにした？

45

第三章
日本共産党はなにをやろうとしているのか

第四章

自衛隊と日米安保

119

第五章

日本を滅ぼした安倍政権

145

第六章

閉塞感を乗り越えるために

［第一章］

カジノ・万博、アホちゃうか

この対談、「誰得」なのか？

適菜　この対談は、清水さんの政治家としてのキャリアにとっても、かなりリスキーだと思うんです。思考停止した昔の左翼からは「適菜なんかと対談しやがって」と言われるでしょう。私も思考停止したネトウヨから「共産党と対談しやがって」と言われるだろうから、どっちもどっちですが。

清水　ははは。でも僕は、適菜さんとの対談は嬉しいなあ。憲法は変えたほうがいいという立場をはっきりさせている適菜さんが、「安倍に憲法を触らせたらあかん」ときちんと述べている。そもそも僕たちの出会いは、大阪「都構想」の住民投票のときですから。適菜さんの政治的嗅覚は素晴らしい。橋下徹氏を大阪で野放しにしたら、日本全体が腐っていくと的確に指摘されていた。それで適菜さんは単身、大阪に駆けつけてくれた。僕たち地元の人間はウエルカムですよ。大好きですよ。お互い共通するのは、安倍政権批判、維新の会批判です。

適菜　ありがとうございます。雑誌『月刊日本』に「野党共闘を実現せよ」という亀井静香と志位和夫の対談が載っていましたが、一昔前では考えられなかった。それだけ安倍政権の暴走が深刻だということです。新自由主義とカルト勢力を封じ込めるためには、保守と左派勢力は組まなければならない。今回の対談も、普通ではありえないせっかくの機会なので、清水さんにリスクを負わせすぎるくらいの質問をしたいと思っております。

清水 共産主義が大嫌いな適菜収さんが、日本共産党の政治家と対談なんですからね。先日ある人と話をしたのですが、「今度、適菜収さんと対談します」と伝えたら、「知ってますよ。B層について書いている人でしょう。維新の会はそのままB層でしょう。朝の情報番組を見て、どこどこの豆腐が体にいいといったら、すぐに買いにいくような人たち」と言われました。

適菜 B層の定義は「構造改革に肯定的なバカ」です。単なる「バカ」ではありません。ご存じのように、日本共産党の佐々木憲昭さんが国会で追及して、自民党が広告会社のスリードに郵政民営化法案を通すための企画書を作らせたという話が出てきた。要するに、小泉政権は、郵政民営化の実態がわからなくても、「改革」だと唆(そそのか)せば賛成してしまう頭の悪い人たちを動員する戦略を練ったわけです。騙す側も騙される側も含めて、こうした人々が「改革」の名の下に国の破壊を続けてきたのが、この平成の三〇年間だったと思います。ネトウヨは「民主党政治よりマシ」という理由で安倍政権を支持していたりしますが、背後にいる同じような連中が構造改革を進めていたわけで、内容的にはほとんど変わりません。一九九三年の『日本改造計画』は小沢一郎の考えをベースに、竹中平蔵ら複数の学者が書いたものですが、そこでは、新自由主義的な経済改革、貿易自由化の推進、首相官邸機能の強化、軍事も含めた積極的な国際貢献、小選挙区制の導入などが提唱されています。そして現在も日本の政治はこの延長線上にある。熟議や合意形成を重視した保守政治をぶち壊し、権力を集中させ、一気に世の中を変えてしまおうという発想ですね。デタラメな売国法案を次々と通していく安倍政権より、むしろ政策実現能力がなかった民主党のほうがマシでした。

清水 なるほど。

適菜 小池新党や維新の会を支持してしまう人たちも同じです。「安倍政権は右翼に支持されている」と言う左翼がいますが、大間違いですよ。安倍政権を支持しているのは大衆です。安倍政権の支持率は一時四〇パーセントくらいあった。日本に右翼が四〇パーセントもいるわけがないでしょう。基本的には、マスメディアが流す情報を鵜呑みにし、自分の頭で考えない人たちが支持しているのです。ネトウヨもそうです。ネトウヨは右翼でもなんでもなくて弱者を叩くことで充足している単なる情報弱者です。

清水 僕は適菜さんの主張を追いかけているマニアですからね。そういう説明はすごくよくわかる。よく理解もしないで支持しておいて、矛盾を指摘されると、「安倍さんの他に誰がいるのか」「対案を示せ」「ソースを示せ」と騒ぎ立てる人たちのことですね。それを前提の上で、「B層」を批判するだけでは楽しい社会は作れない。だとしたら、どのように「B層」

に働きかければいいのか、「B層」の意識を改革するのか、あるいは「B層」が変わらないものだとしたら、どうしたらいいのかを考えなければならない。正直、日本共産党支持層の一部にも、安倍政権や維新政治に対する諦めムードがあるんです。こうした閉塞感を打破するためには、希望につながる話が必要なんです。

適菜 そうですね。話をすれば衝突する部分が出てくると思いますが、それが今の日本の問題を浮き彫りにすると思います。

日本共産党の諜報能力

清水 二〇一五年五月一七日の大阪「都構想」をめぐる住民投票の前に、適菜さんは新聞や雑誌など多くのメディアで「これは大阪市だけではなくて、日本全体の危機だ」と指摘していました。デマゴーグが大衆を扇動している状況を放置すれば、日本全体に波及する。だから、大阪で食い止めなければあかんと。それで維新の会とはなんなのかと自分の目で確認するために「大阪に行く」とフェイスブックに書いていた。

適菜 そうです。

清水 それ以前から、友人から「適菜収さんのツイッターは面白いよ」と聞いてたんですよ。

安倍政権や橋下維新も批判していると。適菜さんが『週刊文春』で連載していた「今週のバカ」も読んでいて。その適菜さんが大阪市の住民投票に関心を持って、単身、大阪までわざわざ来るというのはうれしかった。安全地帯から自分の主張を伝えるだけの作家もいるけど、適菜さんは維新の会のタウンミーティングに潜入して『新潮45』にルポを書いていた。それで「この人と接点を持ちたいなあ」と思っていたときに、たまたま適菜さんのフェイスブックを確認したんです。そしたら、「今、なんば高島屋の前を通ったら共産党が演説していた」と書いてあった。

適菜　そうそう。私は清水さんの存在は知っていたけど、当時は顔と名前が一致していなかった。それで難波駅前を歩いていたら、住民投票反対の演説をやっている人がいたんですよ。漫才師みたいな人がマイクを持って、手を大きく振ったり、走り回ったりしながら、演説をしていた。やっぱり大阪だから、お笑い芸人をゲストに呼んだのだと思ったんですよ。その演説をぼんやり見ていたら、運動員のおばさんが、「住民投票に賛成ですか、反対ですか」と書かれた大きなパネルを持ってきた。「どちらかに赤いシールを貼ってください」と言われたので、反対のところにシールを貼ると、「維新の会について、どう思われますか」と聞かれた。それで、少しベラベラしゃべったんです。

清水　うん。

適菜 そのときは、演説をしているのが清水さんとは知らないので、アーケードの商店街のほうに歩いて行って、「福太郎」でねぎ焼きでも食べようかなと。そしたら、そのおばさんからか、清水さんから来たのかは忘れましたが、フェイスブックのメッセンジャーで、「先ほど通りかかったのは、適菜さんでしょう」と。

清水 そうなんです。

適菜 なんで、わかったんですか?

清水 適菜さんが「漫才師みたいな人が、なんば高島屋の前で演説していた」と書いていたから。

適菜 ああ、そうか……。私はすごくびっくりしたんですよ。共産党の諜報能力は恐ろしいと。

清水 僕は適菜さんが大阪に来ているのは知っていましたからね。

適菜 それで急いでなんば高島屋前に戻ったら、もうどこかに移ってしまっていて、そのときは会えなかったんですよね。

清水 いよいよ住民投票の前夜に、若い人たちが中心になって住民投票がいかにペテンかというイベントを中央区でやった。中山徹という奈良女子大の教授も、自民党の市会議員も来てましたね。それで適菜さんとは面識がなかったので「こういうイベントに出るので来てくれませんか?」と連絡したら、「遅れてなら行けますよ」と。そのときが初対面なんですよ。

適菜 そうでしたっけ。

清水 それで「飛び入りでしゃべってくれませんか?」と僕がムチャ振りしたら、「いいですよ」って。

適菜 思い出しました。自民党の川嶋広稔さん(大阪市会議員)がいたり。あのとき私は大阪でいろいろな人に会っていたんです。それこそ、自民党議員から公明党議員、元市長の平松邦夫さんだったり、赤旗編集部だったり。それで住民投票の前日に取材をした後、会場に行ったんです。SADL(サドル、民主主義と生活を守る有志)とかいて、私は完全にアウェーなんですよ。

清水 「誰だ、適菜収?」っていうてね。そのあと、中山さんと僕と適菜さんで、梅田の炉端焼きに飲みにいったんです。中山さんも、なんでこのメンバーで飲んでいるのかわからないという感じで。

適菜 その炉端焼き屋の記憶はほとんどないのですが、そのあと、清水さんが昔から通っているバーに行ったのは覚えています。

結びついた不快感

適菜　私が日本共産党の街宣車に乗ったときがありましたね。では、あれは投票日当日だったのかな？

清水　ウチの副委員長の山下芳生もご挨拶させていただいて。

適菜　落語家の人もいましたね。

清水　笑福亭竹林さん。あの人、よう頑張っていたわ。仕事なくなるでと思うくらい。

適菜　天王寺のあべのハルカス前でしたっけ。すごく人が集まっていた。それで私も山下さんと握手したり。

清水　昔から適菜さんを知ってる僕の友人は、「えーっ。なんで日本共産党の清水と適菜収が」みたいな。適菜さんは昔から共産主義なんてダメやと書いている。でも、そこを、結びつけてくれたのは橋下維新という気持ち悪さなんですよ。不快感です。どうしようもない違和感です。それを解消したい人たちが、磁石に吸い寄せられるように、自然に一緒になって戦った。

適菜　維新の会も安倍政治も似ています。それを気持ち悪いと感じるところで共有できる。

清水　それですよ。

適菜　政治的にどうこう以前の話で、ゴキブリは潰すしかない。維新の会は、嘘、デマ、プロパガンダを垂れ流し、数値をいじった詐欺パネルで大阪市民を騙していたわけですから。だから、住民投票前に『週刊新潮』や『新潮45』などで具体的に嘘を全部指摘してやりました。

清水　安倍政権が言う「税収◎◎兆円増えました」というのも半分は、消費税ですからね。よく言うよと。

適菜　だから、政策論争にもならない。「嘘つくな」とか「バカと言ったらおまえがバカ」とか、小学生のケンカレベルの話ですから。

清水　それで、今や適菜さんが指摘するように、自民党総裁選の候補者のスローガンが「正直・公正」になると。

適菜　しかも、石破茂が「正直・公正」をスローガンとして唱えたら、自民党の中から「安倍への個人攻撃はやめろ」という声が出た。森友、加計学園問題を想起させると。

清水　だから、自分たちが不正直で不公正であることを認めているわけです。本当にシャレにならない。「偽造・捏造・安倍晋三」ですよ。このレベルの低さと情けなさに、今の状況が象徴的に表れている。

適菜　あの手の集団は、デマを流して世論を誘導し、一定の支持を集めれば、なにをやっても許されるという発想なんですよ。だから、政治が計算になってしまっているわけです。先日、橋下が「野党は安倍首相とトランプ大統領に学べ」（『Voice』二〇一八年一二月号）とバカなことを書いていました。「トランプ大統領と安倍首相は共に国民の感覚に敏感になり、その時の状況を見ながら政策を実行している。僕の言うところのマーケティング政治です。野党は2人の政治手法を批判するだけでなく、学ぶべきところは学ぶべきです」と。要するに、確信犯。マーケティング政治が日本を滅ぼしたのにね。

清水　とにかく数を押えればいいという発想ですね。

適菜　私は日本共産党にはいいイメージはありませんでしたが、維新の会や安倍による日本破壊が進む中で、清水さんみたいな人が頑張っていることに気付いた。

清水　ありがとうございます。でもね、適菜さんをはじめとする保守層や自民党の人たちと接点をいただいたのも、むしろ、橋下維新や安倍政権のおかげだったりもするのかと。変な意味、感謝しないといけないかなと。

適菜　いや、そこはしなくていいです。

清水　しなくていいですか。ははは。すいません。

維新の会の万博利権

適菜　大阪を見ると、日本全体の状況も見えてきます。

清水　もともと大阪は反権力の商売の町、商人の町です。政治は東のほうに任せておいて、自分たちは機嫌よく商売をやるという感じです。商売の基本は、近江商人じゃないですけど、三方よし。売り手よし、買い手よし、地域よしという精神でやってきたのですが、不況に突入してしまった。大阪は全国的に見ても、景気が悪いんですよ。万博だって、義務的に名前を連ねてるスポンサー企業が多いらしくて、四〇〇〇億円の企業負担分、誰が出すのか、どうやって捻出するのか、まだ決まっていないんです。だから松井一郎知事（当時）は「これでは成功せえへん」と。それで、経団連の会長だった榊原定征に泣きついて、この万博を経済界全体、日本全体で呼んでくれませんかと頼み込んだ。

適菜　万博は大阪に決まってしまいましたね。

清水　大阪万博ではなくて、「大阪・関西万博」というふうに枠を広げないとカネが集まらない。愛知万博が成功したのは、トヨタ自動車がカネを出したからだと言われている。まるでトヨタ万博です。維新の会は万博を経済の起爆剤みたいに言っているけど、大間違いです。一九七〇年のエキスポ万博が成功したのは、すでに日本が高度経済成長期に入っていたからで、万博で大阪の経済がよくなったのではない。しかも、あの万博のときには、月の石があったり、人間洗濯機があったり、ええか悪いかはともかく、原発の電気が初めて大阪に送られてきたりと、いろいろあったわけです。アメリカ館、ソ連館、いろいろ夢があった。今はスマートフォンで世界中のモノを簡単に見ることができる時代ですよ。モノを並べて博覧会やるって、意味がよくわからない。そんなことのために、なぜ莫大な税金を使わなあかんのやと。これ全部、カジノ事業者のためにインフラ整備してやるためですよ。起爆剤というけど、これは大阪経済が疲弊するための自爆剤です。

適菜　そもそも、維新の会の「都構想」の実態は、潤っていた大阪市の財源を、別のところで使おうという話だったわけですよね。橋下も「大阪市が持っている権限、力、お金をむしり取る」と政治資金パーティーで述べていました。それで二重行政で税金がムダになっているという話をでっちあげた。あんなのほとんどデタラメです。そもそも、住民投票で賛成派が多数になっても「大阪都」ができるわけではなくて、単に大阪市が特別区に分断されるだけでした。それで大阪市の財源がどこに行くかというと……。

清水　カジノ・万博・高速道路。

適菜　ですよね。

清水　発想が古すぎる。橋下徹氏が知事になったときに、大阪市の平松（邦夫）市長と橋下氏は、わりと懇意だったんです。一緒にイベントを盛り上げたりしていたのに、ある時期を境に、袂を分かつようになった。その原因は、カジノと高速道路なんですよ。「こんな猥雑な街、いやらしい街はない。ここ（大阪）にカジノを持ってきてどんどんバクチ打ちを集めたらいい。風俗街やホテル街、全部引き受ける」「小さい頃からギャンブルをしっかり積み重ね、全国民を勝負師にするためにも、カジノ法案を通してください」と言っているのが橋下知事だった。平松市長は「なんで大阪にカジノなんか持ってこなあかんねん」「なんぼかかるかわからんような高速道路に、『はいそうですか』と、すぐに言えない」と拒否しましたが、それが橋下氏の逆鱗に触れて、「おまえのクビ、取ったる」とばかりに市長へ転じた。結局、橋下氏は市長になって、福祉の切り捨てを始め、職員に忠誠を誓わせたんです。

適菜　維新の会は、職員の思想調査や入れ墨アンケートもやりました。

清水　思想調査アンケートを監修した野村修也という弁護士が、第二東京弁護士会から、二〇一八年七月一七日に、懲戒処分を受けました。当然です。そのアンケートは、平松氏を選挙のときに応援した職員をあぶりだすというものです。橋下市長が「自分の名前でアンケートに答えろ」と教師を除く全職員に強制した。

適菜　業務命令だから回答しないと処分もあると言って、職員のパソコンでやったわけですね。

ジョージ・オーウェル
イギリスの作家。ジャーナリスト。『動物農場』『一九八四年』など。

清水　そうです。だから、誰のパソコンかすぐにわかる。「労働組合にあなたは入ってますか、入っていませんか」という質問に「入っています」と答えると、「入ったのは自分の意志ですか、誘われたのですか」と出てくる。「誘われました」と答えると「誘った人の名前は誰ですか」と。そいつの名前を打ち込めと。個人情報だから答えたくないと思っても、答えないと「次へ」というボタンが押せないようになっている。答えないと、画面を閉じることもできない。究極は「あなたは勤務時間終了後も含めて、特定の政治家の街頭演説に行ったことがありますか」と。

適菜　ジョージ・オーウェル（一九〇三〜五〇年）のディストピア小説『一九八四年』の世界ですね。国民を監視する装置である「テレスクリーン」は自由に消すことができない。

清水　組合に誘った人は職員ですが、演説に誘ったのは、市の職員とは限らない。

適菜　一般市民も含まれますね。

清水　そうした名前も書かせる。これはまさしく、思想信条の自由、基本的人権を踏みにじるもので、弁護士たるものが、こんなものを監修するというのはとんでもない話です。

適菜　橋下の友人の中原徹が府立和泉高校に民間人校長として登用され、卒業式で教職員が「君が代」を歌っているか口元をチェックしたこともありました。これについて、橋下は「完璧なマネジメントだ」と述べています。公務員の思想調査を行い、内部告発や密告を奨励する。やっていることはナチスばりですね。

清水　「君が代」が好きな人がいても、嫌いな人がいてもいいんです。僕は国旗・国歌はそのままでもいいと思っています。日の丸は世界の国旗を見渡してみても一番シンプルな国旗だと思っています。海外旅行で、日本の国旗を見たり、大使館を見つけたりすると安心します。ワールドカップやオリンピックでも、日本を応援する。日の丸が揚がれば、「いいな」と思う人もいますから。『君が代』も歌うなとは言いません。国歌の「君が代」も歌うなとはいいません。ただ、押し付けるのは問題です。口元チェックは、いっこく堂の腹話術を見るときだけでいい。口元をチェックするのはあまりにもおぞましい。

適菜　維新の会の出現により、大阪は大変なことになってしまった。当時最も民主主義的といわれていたワイマール体制がナチスを生み出したように、お笑いの街が笑えない状況を生み出した。

パチンコは負けても三一万二〇〇〇円

清水 維新の会は、子供のためと言いながら、子供を産める病院をどんどん潰しています。

適菜 橋下が大阪府知事になって以降、この類の話は山ほどあります。

清水 ＩＲ（カジノを含む統合型リゾート）ができると、その周りのレストランやショッピングモールは、カジノの売り上げで運営するので、ものすごくディスカウントされるんです。たとえば、大阪市内で食べたら二〇〇〇円の刺身が、ＩＲで食べると一〇〇〇円になる。そういうインセンティブで、客を呼ぶわけですから。そしてＩＲで飲食すると、帰り際にカジノの無料チップを二〇ドル分くれるんですよ。こうして誘引するわけです。大阪市内で飲食していた人がＩＲに移動し、結局、カネがカジノに費やされるので、経済がよくなるわけはありません。

適菜 しかも、カジノ建設に伴いギャンブル中毒対策に税金をかけると。もう、なにがなんだかわからない。完全にマッチポンプでしょう。

清水 僕は国会で「持統天皇（六四五〜七〇三年）が決めた、すごろく賭博禁止令、知らんのかい！」

と言った。

適菜　あの発言は、話題になりましたね。共産党のくせに天皇を持ち出すなと。

清水　そうそう。「あなた方は天皇が決めたことを守れないのか」と。持統天皇の夫の天武天皇（?～六八六年）は、ギャンブル依存症だった。すごろく賭博はサイコロを振って、出た数を駒が進んで、相手の陣地に入るという賭博ですが、そのうち駒を動かすのが面倒になってきて、サイコロだけ振るようになったんです。これが、今の丁半博打の始まりです。それで、博打は国も人もダメにするということで、持統天皇がすごろく賭博禁止令を出した。六八九年です。これが明治近代刑法にも、今の刑法の一八五条と一八六条にも受け継がれている。

適菜　博打をいきなりOKにできる根拠もよくわからない。法務省はこれまで「できない」と言っていたわけで、その説明もほとんどありません。

清水　パチンコは風営法で管理されてます。公安委員会と警察庁が管理してるけど、賭博だから批判が強くて、出玉規制しましたよね。だから公の管理のもとに、射幸心を抑制しようとはしている。ところが、民間賭博は、それができない。パチンコはどんなに負けても三一万二〇〇〇円なんです。適菜さん、ご存じでした？

適菜　いえ、初めて知りました。

清水　朝一〇時の開店と同時にパチンコ台の前に座って、トイレにも立たず、食事もとらず、夜一一時の閉店まで打ち続けて、すべての玉がチャッカーに入らずに流れれば、三一万二〇〇〇円負けるんです。風俗営業法で、一分間に発射できる玉の数は、一〇〇発以内って決められてるんですよ。貸し玉一発四円ですから。ところがカジノは、一枚のチップが五〇万円とか一〇〇万円でしょう。しかも、VIPルームに行ったら、一枚一五〇〇万円のチップがあるんですよ。破産するのはあっという間です。カジノは窓がない。時計はない。日常を忘れさせて、酒をふるまって、感覚を失わせて、どんどん賭けさせる。大王製紙の井川意高元会長は一〇六億円負けました。

適菜　素晴らしいですね。

清水　一〇六億円稼ごうと思ったら、大王製紙が作ってるエリエールのティッシュ、どれだけ売らなあかんのかと。あの人自身もギャンブル依存症だったと認めておられるんですけど。作家で精神科医の帚木蓬生氏は、ギャンブル依存症は性格や決意の問題ではないと言っている。あれは脳の病気であると。わかりやすくいうと、一度タクアンになったら、二度とダイコンには戻れませんと。なるほどなと。井川元会長も、やめようと思ったけど、やめられなかった。これは、僕の感想ですが、大王製紙だけに、神（紙）に誓っても制止（製紙）が利かなかったのだろうと。

適菜　ははは。最後の小ネタはいらない。

清水　依存症対策では対応できないから、規制するしかないんです。
適菜　シャブと同じですね。シャブは一日一回までと決めても、それでは止まらなくなる。
清水　禁止薬物を合法化して、薬物依存症対策をやるのはおかしいでしょう。違法なものは違法なものとして、薬物中毒患者を医療機関につなげたり、相談窓口に連れていかなければならない。
適菜　カジノを推進している連中の周囲にいるネトウヨが「カジノ反対派は朝鮮半島のパチンコ利権について何も言わないじゃないか」と言っていた。でもそれなら、カジノ利権もパチンコ利権も両方批判すればいいだけの話です。しかし、彼らの主張は途中からおかしくなってきて、「パチンコ利権を批判しない奴は、カジノ利権を批判するな」と。頭の中がこんがらがっているんです。
清水　セガサミーというパチンコ会社があります。そこの会長の次女の娘婿の鈴木隼人氏が、自民党の衆議院議員をやっているんですよ。
適菜　橋下が、自分の友人の中原徹を大阪の教育長にしました。彼はパワハラで辞めましたが、そのあとセガサミーに就職した。
清水　だから、パチンコ利権というなら、橋下維新と安倍総理に言えと。なんで野党に言うねん。日本共産党は、国会でパチンコの三店方式（パチンコ店・景品交換所・景品問屋の三つの業者の存在により、違法性を問われにくくする）に言及しました。それからは、「カジノ利権追及の前にパチンコ利権について言え」という的外れな批判は少なくなりましたが。でも、カジノにスロットマシンを入れるのは日本の業者です。カジノは、パチンコ産業にとっても、利益になるのでしょう。松井一郎氏が二〇一九年四月の統一地方選挙で「カジノの是非を問う」と言いましたが、正気かと。反対しているのは日本共産党だけです。自民も公明も賛成しているのだから、なにを問うんですか。住民投票で問うならまだわかりますが。統一地方選挙はシングルイシューでやるわけではない。議論のかけ違えというか、デマ体質です。

適菜 それで「選挙で皆様の審判をいただいた」と言い出す。いつもの卑劣なやり方です。

清水 適菜さんをはじめ、良識的な保守の人たちと、維新の会っておかしいよね、都構想はムチャクチャや、こんな詐欺集団をのさばらせておいてええわけないと、一緒に活動できるようになったのは、これまでになかったことです。

適菜 それだけ維新の会がデタラメだということですね。私はイデオロギーで世の中を判断していないので、日本共産党の主張はまともなものが多いので、応援してるだけです。

特定資金貸付業務という罠

適菜　カジノ政策も基本的にはアメリカの意向でしょう。だから国民の多くがカジノに反対する中、官邸は必死になってカジノ法案を成立させた。これに絡んでいるのが松井一郎やアメリカのカジノ会社です。

清水　公営ギャンブルはあるけど民間賭博はダメだという一線を守ってきたのは、日本人の知恵と伝統だと思うんです。それをすると、社会が崩壊する。でも、それを取り払って、外資の儲けのためにやるというのは、適菜さんがいつもおっしゃっているように、安倍政権の売国ぶりを象徴的に示していると思います。安倍首相が本当の保守なら、そんなことはしないですよ。

適菜　安倍は保守の対極に位置する政治家です。客観的に見て、安倍政権は売国反日政権です。

清水　カジノにより外国人観光客が増えるというロジックもデタラメです。カジノに来る外国人は二割で、八割は日本人の客です。狙われているのは、大阪の人たちの懐です。

適菜　どこの国のカジノも現地人が多い。私はマカオやシンガポールのカジノにも行きましたし、ヨーロッパのカジノにもいろいろ行きました。飲み物も無料だし、居心地がいい。ルーレットとブラックジャック、ジャックポットを少しやるくらいですが。勝つとまた行きたくなる。頭ではばかばかしいと思っていても、二度目三度目に行くときにはもう足取りが軽くなっている。だからギャンブル中毒の感覚がわかるんですよ。フョードル・ミハイロヴィチ・ドストエフスキー（一八二一～八一年）の『賭博者』という小説がありますが、単に儲けたいのではなく、負けることがわかっていてもやるんです。

清水 最初は、絶対、勝たせます。機械ではなく、人間がやるので、勝たせられるんですよ。たとえば初日に一〇〇万円勝ったら、次行くでしょう。また勝つんですよ。それで三回続けて勝つと、「俺、天才だ」と思うんです。それでのめりこんでしまう。あるアイドルグループの専任カメラマンが、韓国のカジノにはまって大損こいたと。最初は一〇〇〇万円勝つんですって。そのあと、二日続けて五〇〇万円ずつ負ける。でも、最初に一〇〇〇万円勝ったのが忘れられない。井川元会長も一日で二三億円勝ったことがあるんです。だから、負けても取り戻せると思ってしまう。それがカジノの恐ろしさです。月収三〇万円の人が、数時間遊んだだけで、年収に相当するカネが懐に入る。これははまりますよ。

適菜 麻薬の売人が最初は安くクスリを渡して、中毒にさせるのと同じです。それと、日本に来るカジノには、貸金業をやらせるでしょう。

清水 そうです。負けている客に対して、「これからが逆転ですよ」と。「こちらのほうで背面調査させていただくと、ご自宅が奥さんとの共有名義になっていますので、その折半、資産価値の半分くらいのカネは貸せますよ」とチップを貸してくれるんです。

適菜　怖いですね。

清水　ポイントは、カネではなくて、チップを貸すんですよ。競馬の最終レースでカネが尽きたら、窓口で「おばちゃん、カネ貸してくれ」と言っても、貸すわけがない。でも日本のカジノはそれができるんです。

適菜　「特定資金貸付業務」ですね。それでギャンブル中毒者を増やしていく算段です。こういう大事なことを一般の人たちは知りませんね。

清水　法案が出るまで伏せていたんです。二〇〇条を超える新法ですから。介護保険法以来ですよ。それを、しょうもない議論で通してしまう。

大阪から教育が崩壊する

清水　維新の会は、高校授業料無償化をやっています。これもカラクリがあって、私学への補助金を削ったり、府立高校を潰して、その経費を充てている。もちろん恩恵を受けている人もいるけど、そうではない人も多いということを、僕たちは維新の会の何倍もの労力をかけて訴えていかないといけないし、批判の仕方も難しい。政府の骨太の方針で、保育料無償化や大学の授業料の減免、奨学金の拡充などを謳っていますが、そこだけ見ればいいことですが、財源は消費税増税ですから。大変ですが、説明は続けなければなりません。

適菜　維新の会がチャレンジテストと言って、一発のテストで内申を決めようとしていますね。

清水　個人の内申と、学校全体の平均点を出して、学校全体のレベルを決めると。それで、チャレンジテストの日には、学校の先生が、成績の悪い生徒に、「おまえ、明日、学校に来なくていいぞ」「おまえ、風邪ひいてるだろう」と言うて休ませる。あるいはテストの答えをこっそり教えてしまう。学校の評価にかかわるので。教育は子供が知識を得る場でなければならないのに、競争の道具にされている。

適菜　教育の現場を理解せずに、こうした数字合わせのようなことばかりやっているから間違うんです。教育に市場原理を導入してしまう。これは教育研究者の鈴木大裕さんという人が言っていたのですが、全国学力調査やその他の学力標準テストの結果を、校長や教員の人事評価やボーナス、そして学校予算に反映させるのは、大阪市がやろうとしている「メリットペイ」制度というらしい。彼によると、アメリカの教育現場にメリットペイ制度が導入されたのは四半世紀以上も前のことで、今ではその欠陥が露呈し、見直しが進んでいると。

要するに、教育を経済的な効率性と生産性の観点からしか見ようとしない新自由主義の発想です。だから、維新の会の連中の世界観は非常に単純で薄っぺらい。

清水　維新の会の吉村洋文大阪府知事は、学力テストの点数の悪い学校の校長はボーナスを減らすと言って炎上したけど、こういうところに維新の会の体質が表れている。そしたら吉村は子供の学力が上がることに反対なのかと議論をすり替えた。吉村氏は大阪北部地震のときにも勝手に学校を休校にしました。マニュアルには「学校長が判断する」とあるので、ある意味、超法規的措置をとったわけです。それを指摘されると「マニュアルが間違っている」と。非を認めず謝ることを知らない。

適菜　連中には順法意識がないんです。そういう点では維新の会の姿勢は一貫している。前科がある人間や逮捕者の数も維新の会は突出しています。維新の会は校長を公募で集めて、大阪の教育を崩壊させました。今となっては公教育を潰すことが最初から目的だったのではないかと思うんです。

清水　おっしゃる通りです。彼らは私学優先です。私学の授業料も無償化すると。しかし、私学助成は減らしているので、私学の教員が恵まれているわけではない。パーヘッド方式で、入学者が多ければ多いほど、補助金が出る仕組みなので、そこで競争させるわけです。公立高校はどんどん潰されているので、学力的にしんどい生徒が行ける学校が、地域からなくな

ジャン＝ジャック・ルソー
フランスの哲学者、政治哲学者。『人間不平等起源論』『社会契約論』『エミール』など。

っていく。

適菜　教育は大切です。でも、それが失敗した結果が、今の日本の惨状ですよ。あの手の連中はすぐに「リセット」と口走る。橋下は「一からリセットして日本を作り直す」。小池百合子は「日本をリセットするために党を立ちあげる」。安倍は「（構造改革で）社会はあたかもリセットボタンを押したかのように」なり、「新しい国をつくる」と。典型的なファミコン脳です。それに口を開けば「革命」でしょう。「人づくり革命」だの「生産性革命」だのと。共産党ですら革命と言わなくなったのに。「人づくり革命」という発想にジャン＝ジャック・ルソー（一七一二〜七八年）の狂気を想起できなくなっているとしたら、今の社会は病んでいるとしか言いようがない。破壊と設計主義。日本の左傾化の徴候です。結局、被害にあうのは子供たちです。

［第二章］

維新と吉本興業が大阪をダメにした？

松竹は吉本の二軍

清水 日本共産党は一九二二年創業の老舗の政党なんです。戦前からやっているのはうちだけです。

適菜 自民党は一九五五年だから、それよりもかなり古い。日本共産党はウラジーミル・イリイチ・レーニン（一八七〇〜一九二四年）がつくったコミンテルン（共産主義インターナショナル）の日本支部で、当時は非合法の組織でしたね。

清水 コミンテルンの支部になったのは党創立後ですが、その歴史の中で、漫才師出身の代議士は僕だけなんですよ。過去の国会議員ではコロムビア・トップ（一九二二〜二〇〇四年）、横山ノック（一九三二〜二〇〇七年）、西川きよしで、僕は四人目です。

適菜 清水さんは松竹にいらっしゃったんですよね。

清水 二四歳の時にオーディションを受けたんです。大学は途中で辞めて、飲食店で働きながらフラフラしてたのですが、松竹芸能の募集の記事を見て応募しました。オーディション会場に行くと、八〇人いるんですよ。みんな僕より若い。高校生や大学生が中心で、しかもコンビで来ている。そして、自分たちが一番面白いと思っている。自信にあふれているわけです。それで、五、六人ずつ、オーディション会場に呼ばれるのですが、戻ってくる人たち

ウラジーミル・イリイチ・レーニン
ロシアの革命家、政治家。史上初の社会主義国家であるソビエト連邦の初代指導者。

の表情が暗いんです。控室では威勢がよかったのに、みんな、しょげて帰ってくる。すぐに謎は解けました。僕も呼ばれたのですが、会社の連中が長机の上に足を載せて、腕を組んで、「誰からでもええわ。なんかオモロいことやれや」と。

適菜 それは面食らいますね。

清水 「なぜ、吉本ではなくて松竹を選んだのかな」とか「好きなタレントは誰ですか」といった一般的なゆる〜い感じのオーディションだと思っていたのに「時間ないぞ、もう、しゃべれへんのか」「おう、帰れ！」と怒鳴られる。僕はせっかくアルバイトを休んで行ったので、ひと言くらいしゃべろうと思って、田原俊彦のものまねをやった。そしたら、「時間取らすな、帰れ」と。それで落ちたと思ったら、ハガキで合格通知が来たんですよ！

適菜 何人合格したんですか？

清水　八〇人中四人です。合格した理由を聞いたら、喋ったのが四人だけだったと。

適菜　ははは。

清水　友達や家族の中で面白くても通用しない。それこそ、刑務所に慰問に行って笑わせるようなこともしなければならない。それがプロだと。客が笑っていなかったら、舞台を下りて、こちょばしても笑わさなあかんと。面白い、面白くないは、関係ないんやとも言われました。

適菜　厳しい世界ですね。

清水　当時、山田雅人、森脇健児が松竹芸能の二大スターでね。吉本にはダウンタウンや清水圭・和泉修がいて、双璧といわれてた。その、山田雅人の弟子と「日本一背の高い漫才コンビ・ツインタワー」を結成した。一八七センチと一八一センチ、二人合わせて三六八センチ。それまで背が一番高かったのは、ＴＫＯなんですよ。テレビも五、六回出ましたけど、まったく売れない。漫才師なんて掃いて捨てるほどいますし、当時の松竹は、吉本の二軍みたいなものだった。

適菜　松竹には、何年くらい、いらっしゃったんですか？

清水　約三年です。今、松竹の芸人が重宝されているのは、東京のタレントが大阪に来たときに、絡みやすいからでしょうね。吉本の芸人はツッコミがきつい。だから、女優や歌手には松竹の芸人を合わせるのです。あまり面白くなかったとしても、安心できるから。僕は売れないときに、会社から「おまえらオモロないけどな、素質あるかもわからんから、俳優部に移れ」と言われたんです。松竹芸能はタレント部、アシスタント部、俳優部があるんです。オセロはアシスタント部出身なんですよ。それからタレント部に来て、漫才をやって、ブレイクした。僕は俳優部で『冒険宝島』というミュージカルの仕事をやりました。俳優部で頑張れば、『新・部長刑事　アーバンポリス24』というドラマに出してやると言われて。生瀬勝久さん、ご存じですか？

適菜　すいません。私はそのあたりは完全に無知なんですよ。テレビも持っていないし。

清水　当時、彼は槍魔栗三助という名前で『部長刑事』に出ていた。でも、その名前ではNHKに出られないので、改名して大ブレイクした。彼の出世作が『部長刑事』なんです。それで僕も『部長刑事』に出してやると言われたのですが、「最初は死体役からや。そのあと、犯人役を、二、三回やって筋がよかったら刑事にしてやる」と言われた。「刑事役になったらレギュラーやし、場合によってはベッドシーンもあるぞ」と。どんなベッドシーンですか、相手の女優は誰ですかと聞いたら、「勘違いするな。犯人に撃たれて、病院で点滴受けてるベッドシーンや」と。それでも、ミュージカルの練習を腐らずにやっていると、演出家の先生やスポンサーが目にとめてくれて。あいつは背も高いし声も通ると。海賊Aという役ではもったいないからと、海賊のリーダー役に抜擢してくれた。さらに、スポンサーからはコマーシャルで使ってやると。漫才ではダメだったけれど、俳優としてこれからという時に、阪神淡路大震災に見舞われるんです。

適菜　一九九五年か……。

清水　全国巡業するはずだったミュージカルは中止。「延期じゃないんですか?」と聞くと、「いや、スポンサーも被災しているんで」と。それで僕も途方に暮れて、毎日酒におぼれ、競馬やパチンコにもはまるなど、荒れてましたね。

日本共産党に入った理由

清水　僕は小学校時代の親友と、阪神淡路大震災のボランティアに行ったんです。体育館の避難所に赤い腕章をつけている人が大勢いて、日本共産党と書いてあった。それで、共産党はボランティアをやっていてエラいなあと思った。じつは僕のアルバイト先のオーナーが共産党の支持者で、それまでも『赤旗』を勧められていたんです。全然、読まなかったのですが、震災のボランティアに行くようになってから、読むようになった。そしたら、当時の村山富市首相が、日本は私有財産制度の国だから、家がなくなろうと、潰れようと、工場が燃えようと、自己責任でお願いします。国は一円も支援しませんと冷たく言い放ったわけですよ。しかも、政治家たちが、仮設住宅もできてないのに、神戸空港を作ろうとか、予定通り消費税を上げるなどと言い出した。ちょっと待ってくれと。僕も、政治には関心はなかったけど、困ったときに助けるのが政治の役割でしょうと。

適菜 あれはひどかった。

清水 僕が漫才師やタレントを目指したのは、人を笑顔にしたいからです。でも、震災が起きたら笑えない世の中になっていた。当時、耐震防火水槽も消防車も足りなくて、長田区の火事なんて一週間くらい消えなかったんです。それで、行政の不作為や被災者置き去りは許せないと思った。僕のアルバイト先の店に、日本共産党の人が、ご飯を食べに来てくれて「君も日本共産党に入らないか」と誘われました。

適菜 レストランですか？

清水 『喫茶ぺんぎん』という喫茶店です。ホールと調理もやりました。天神橋筋商店街という日本一長い商店街にあって、僕は「ぺんぎんの兄ちゃん」と呼ばれていた。僕の特技はバナナの叩き売りですが、その芸名は、極楽亭ぺんぎんです。国会議員になってからはバナナの叩き売りはできなくなりましたが、実は、時々やってるんです。松竹をやめてから、党に入るまではブランクがあります。日本共産党に入るまではいろいろ誘いを受けました。アムウェイみたいなネズミ講から、毛皮を売るバイトとかね。誰かを展示会に連れていったら、毛皮の売り上げから何パーセントやると。いろいろな宗教からも誘われた。さすがにオウム真理教からは誘われなかったけど、統一協会からは誘われました。

適菜　大人気ですね。私は安倍晋三を批判しているから、統一協会からは誘われないと思いますが。

清水　ははは。僕は食わず嫌いは嫌なので、まずはなんでも聞いてやろうと。自分が納得しなければ断ればいいということで、ネットワークビジネスや宗教の勧誘にもついていったりした。でも、何ひとつ心の底から信用できるものはなかった。みんな胡散臭い、デタラメ、インチキ。でも、日本共産党は少し違った。僕もソ連に対する悪いイメージがあるし、共産主義はなんでも平等で、面白みがなくて窮屈だと思っていた。自衛隊をなくすなんてナンセンスだとかね。でも、当時、日本共産党の委員長だった不破哲三の演説を聞いて、非常にソフトで、建設的な意見も出していると思った。新興宗教と違って、共産党に入っても、財産を没収されるわけではないからね。それに、結局、被災者生活再建支援制度を、政府は作らざるを得なくなりましたが、やはり共産党や市民団体の頑張りがあった。被災者を国が支援するという突破口を作ったわけですから。それで、共産党に入ったのが、一九九七年四月です。適菜さんにも質問していいですか。適菜さんはどうして今のような仕事をするようにな

フリードリヒ・ヴィルヘルム・ニーチェ
ドイツの古典文献学者、哲学者。『悦ばしき知識』『ツァラトゥストラ』『善悪の彼岸』など。

ったのですか？

適菜　私は阪神淡路大震災のときは大学生でした。子供の頃から本を読むのは好きだったのですが、ヨハン・ヴォルフガング・フォン・ゲーテ（一七四九〜一八三二年）やフリードリヒ・ヴィルヘルム・ニーチェ（一八四四〜一九〇〇年）に特に影響を受けたので、近代社会がどうなっていくのかに興味がありました。ニーチェの哲学の根幹にあるのは強烈な人間愛・人類愛です。ゲーテも同じです。彼らは「抽象を警戒しろ」「大地から離れたものを妄信するな」と繰り返し言っているわけです。要するに、理念やイデオロギーに警鐘を鳴らした。ニーチェは善と悪、真理と非真理という西欧で引き継がれてきた二元論が、人間の生を汚してきたことを明らかにしました。現実の背後に真理があるというプラトニズムがキリスト教を経由して近代社会を生み出したと。それでオルテガ・イ・ガセット（一八八三〜一九五五年）やウォルター・リップマン（一八八八九〜一九七四年)、ハンナ・アレント(一九〇六〜七五年)といった人たちの大衆社会論を読むうちに、今の日本の政治についても考えるようになりました。

清水 それで今の日本の異常性に気付かれたと。

適菜 そうです。保守思想をきちんと読むことにより、日本で保守を自称する政治家やメディア、文化人の多くがニセモノであることに気付いた。それでなぜ日本に保守が根付かなかったのかと考えるようになった。保守思想の根幹にあるのは愛です。「人間を愛せ」ということです。大地に根差したものを愛するのが、反イデオロギーたる保守の本質で、嫌韓とか親米というのはなんの関係もない。

清水 なるほど。

適菜 私は政治家でも政治の研究者でもありません。政治について文章を書いたりするときでも、イデオロギーがどうしたこうしたという話はほとんどしない。ただ単に「嘘をつくな」「デマを流すな」「この前言っていた話と違うだろう」と具体的かつ個別の話しかしない。こうしてツッコミを入れながら、今の日本の状況を確認しているだけです。安倍や橋下の問題を追っているのも、批判したり揶揄することが目的ではなく、ああいうものを生み出してしまったわれわれの社会について考えるためです。ニーチェは『この人を見よ』で「危機状況というものは広く行き渡っていても、こっそりしのび歩くのでなかなかつかまらない。ところが個人という拡大鏡を使うとこれがよく見えて来る」と言っています。風邪をひいている人間を見ることはできても、「風邪自体」は見ることができない。それと同じで、個人を論じることで、時代の病を浮かび上がらせることができる。だから問題は、今の世の中に蔓延る「安倍的なもの」「橋下的なもの」なんですね。安倍や橋下を引きずり下ろして隔離したとしても、再び同じようなものが持ち上げられるだけです。ああいうものを担ぎ上げてしまったわれわれの社会が病んでいるのです。

清水　社会がおかしければ、根本的な解決にはならないと。

適菜　そういう意味では安倍や橋下は最適な題材です。以前私は橋下を「政界の蝿取り紙」と呼びました。安倍の最大の功績は周囲に集まってきた乞食言論人や自称「保守メディア」の正体を、完全に明らかにしてしまったことでしょう。われわれは「安倍」「橋下」という形で、日本の崩壊を目の当たりにすることができるのです。

日本共産党と自民党の共闘

清水　維新の会の支持率は全国的には一パーセント台ですが、大阪では議席も多いし高い支持率を誇っています。やってることはムチャクチャですが。その背景には、大阪の自民党がだらしないということがあります。大阪の自民党は、沖縄に次いで弱いんです。WTCやATCなどのムダな湾岸開発に失敗して、大阪オリンピックの旗を揚げながら、巨大開発に突き進み失敗した。ムダなゼネコン開発で大阪をダメにしてきたのが自民党です。その自民党の受け皿として維新の会ができたのは、WTCという三セクのどうしようもないビルを当時の橋下知事が大阪府で買ってやると宣言し、大阪府庁をそこに移転しようとしたら、自民党の中から反対意見が出て、「じゃあ、俺は維新の会を作る」となり、その後、大阪維新の会が誕生した。それで選挙を考えて自民党から維新の会に鞍替えする人がどんどん出てきた。

適菜　橋下人気にあやかって党を移った。維新の会は「大阪を牛耳ってきた自民党や役人と戦う」という改革のイメージを打ち出して、マスメディアがそれを拡散したわけです。

清水　当時橋下氏は、テレビ、マスコミの寵児でした。ただ、府知事選挙に出たときは、自民党と公明党の支持で出ています。だから、自民党のある議員は「背後から袈裟斬りされたようなもん」と言っていた。裏切られたということです。あのとき僕たち日本共産党や民主団体は、梅田章二さんという弁護士を対抗馬として担いだ。当時、橋下人気は絶大ですから、世論調査でも圧倒されている。それで、ある青年の団体が、ノンポリの若い人たちを集めて、知事選の模擬投票をやろうという話になった。それぞれの候補者を応援する人が、政策を語ることになったんです。

適菜　うん。

清水　最初、模擬投票したら橋下氏が圧勝。その後、当時大阪市会議員だった僕が、梅田章二さんの政策を語り、最終投票したら、同数だったんです。でも、主催者から「公選法に引っかかりますので、結果は発表できません」と言われ、結局オープンにできなかった。でも、政策や人柄をきちんと訴えれば、支持は変わる。そう僕は確信するようになりました。マスコミやネットの影響も大きいですが、だからといっていじけていてはだめで、草の根で対話したり、ビラをまいたりして、影響を与えていく以外にないと思ったんです。

適菜　ただ、今はすでに嘘がまかり通る世の中になってしまっている。デマを流したほうが勝ちという状況が続いている。大阪の住民投票で維新の会は厖大な量の嘘やデマを垂れ流し続けました。橋下維新がすごいのは、平気な顔で嘘をつくことよりも、市民団体や学者に嘘を指摘された後も、同じ嘘を最後まで繰り返したことです。嘘を指摘されたら普通はひるむか、ごまかそうとしますよね。目盛りをごまかした詐欺パネルも、タウンミーティングや街頭演説で最後まで使い続けた。要するに確信犯です。デマを流すほうが、反対派がデマを修正するスピードより速ければそれでいいという発想です。メディアを利用して、圧倒的な量のデマを世の中に流し、バカを騙したほうが効率がいいというニヒリズムです。今の安倍政権のやり方も同じで、「こんな人たち」を説得するよりも、プロパガンダにより同調する人間を増やして、国会で多数派をとり、法案を通せばそれで勝ちだという発想になっている。議会における議論を完全に否定しているわけです。こうした状況下において、地道に議論を続けていけばなんとかなるというのは夢物語に聞こえてしまいます。

清水　住民投票の時は、僕たち都構想反対派はそれしかなかったんですよ。あのときは、自民党と日本共産党がはじめて同じ宣伝カーに乗ったんです。日本共産党と自民党が共闘したわけです。党内からも「自民党と一緒にやるなんておかしい」という批判がありましたが、宇宙人が地球に攻めてきているときに、米ソ対立もないだろうと。自分たちの暮らしを守らなければならないということで、なぜ都構想がだめなのか、丁寧に説明をした。維新の会が言っていたのは「都構想は改革のエンジンだ！　ワン大阪を！」とこれだけでしょう。こちらは大阪市を廃止すれば行政サービスが低下するという話を地道に説明した。これは本当に大変でしたが、僅差だったけど勝てた。そして、その晩に橋下市長は、政治家引退宣言をしたわけです。

適菜　もう一度政治家になることは「ない」と。橋下は「都構想も住民投票も、もうやらない」と言ってましたね。それも嘘だったわけですが。住民投票前には「大阪がひとつになるラストチャンス」「大阪を変えるラストチャンス」「このワンチャンスだけ」と言っていた。これに騙されて、賛成票を投じた大阪市民も相当いるはずです。

マック赤坂
政治家。二〇一九年四月の統一地方選挙で港区議会議員として初当選。

マック赤坂と出直し市長選挙

清水　橋下氏は二〇一四年に出直し市長選挙をやりました。都構想に反対する議会はけしからん、都構想を唱える維新の会がいいか、共産市政がいいか、判断してもらおうと。住民投票と共産市政のどこが関係あるのかさっぱりわからない。日本共産党は「大阪市を残してくれ」と言っているだけなのですから。

適菜　まったく意味のない出直し市長選挙をやって、巨額の税金をドブに流したわけです。あまりにもばかばかしいので、主要政党は対抗馬を立てずに、完全に無視した。大阪市民の五六パーセントが選挙に反対し、投票率も過去最低でした。そのとき出馬したのは、橋下以外に、スマイル党総裁のマック赤坂、政治団体代表の藤島利久、元派遣社員の二野宮茂雄の全部で四人でした。

清水　橋下氏が再選されたところで状況が変わるわけで

もなく約六億円の選挙費用は完全に無駄になった。

適菜　政策面でフェアに判断すればマック赤坂のほうが橋下よりはるかにまともでした。橋下はマックについて「名市長になるかもしれない」と余裕を装っていたが、マックが提案した公開討論会から逃げ続け、維新の会関係者がマックに暴行を加える事件まで発生。ただし、橋下とマックは共通する部分も多い。コスプレに対する強烈なこだわり。パフォーマンス先行型で奇抜な発言で世間の注目を集めようとする。イロモノ同士の対決と言えなくもない。それで『週刊新潮』に、二人の政策、歴史観、国家観を比較検討する記事を書いたんです。

清水　ははは。

適菜　あのときの橋下のなんば高島屋前での街頭演説第一声もデタラメでした。「大阪都構想やれば、二〇年後、ぜーんぶ赤字は消える」と。話の内容は最後まで支離滅裂。「大阪市営地下鉄は市民の税金だけであれ作ったんです。ところが利用者の七割は大阪市民以外ですよ」「皆さんに全部しわ寄せが行ってるんです」「大阪市立大学、大学は立派ですよ。でも皆さん、年間一〇〇億円、大阪市民の税金だけが使われているんです」「ところが大阪市立大学の学生さん、大阪市民はたったの二七パーセント」と。アホかと。東京の都営地下鉄にも都民以外が乗っているし、それを問題視する人間は当然いない。全国の市立大学は、むしろ市外からの学生を集めるために努力を続けている。要するに、「大阪市民は損をしている」

と被害者感情に火をつけようとするわけです。

清水　なるほど。

適菜　一方マック赤坂は自殺削減のための精神医療の改善や、大阪の地盤沈下、東京一極集中の問題などをとりあげていた。「橋下が主張する二重行政の廃止、行政のスリム化は、現状のままで対処できる」との指摘も真っ当でした。マックは、京都大学出身で伊藤忠商事でも活躍している。知的能力という点では、橋下は足元にも及ばないでしょう。「制度改革が政治家の仕事だと勘違いしている」「大阪市民が幸せになることを優先しなければならない」と橋下を批判したマックのほうが、公務員や官僚を敵視する橋下よりはるかに現実主義的でした。

清水　知りませんでした。

適菜　それと出直し市長選で私が注目したのが二野宮茂雄です。以前、選挙戦の第一声の動画がネット上にあったのですが、衝撃的です。ちょっとおっとりしているというか、クラスに一人くらいいる典型的なだめな子なんですが、彼のマニフェストは「居酒屋がお通し代を取ることの禁止」なんです。飲食店チャージ料の廃止です。

清水　ははは。

適菜　それと自転車の２ロック販売の義務付け。

清水　それを市長選挙で言うかと。

適菜　大阪からその二つを変えていくと。誰に唆されて出馬したのかは知りませんが、私は結構感動しました。橋下の言っていることよりは、はるかにまともですし。

清水　選挙費用の六億円はもっと有意義に使えたはずです。日本共産党も不戦敗はありえないという立場でしたが、維新の会の挑発に乗るべきではないと判断した。だから大阪の日本共産党は、反維新、反都構想で共同してきたんです。柔軟なんですよ。今は野党共闘が叫ばれていますが、その走りは大阪やと思います。これも維新政治の産物ですね。

橋下の原動力

適菜　ここで清水さんにお尋ねしたいのですが、橋下の原動力はどこにあると思いますか？

清水　「恨み」のようなものを感じます。世間に対する恨みからなのか、いつも敵をつくり徹底的に攻撃する。彼はそれらの発信力、突破力を用いて、のし上がってきたのだと思います。

適菜　私の判断も同じです。日本という国、社会に対する強烈な憎しみがあります。

清水　橋下氏は幼少時代、貧困だったとか、父親が反社会的集団にいたとか、身内に犯罪者

橋下徹
タレント、弁護士、政治活動家。大阪維新の会法律顧問。

がいるなどと報道されています。大学時代には痛んだ革ジャンを売って詐欺まがいのことをしていたとも言われている。社会に対する歪んだ感情が、彼の人格を形成してきたとさえ思ってしまいます。彼がまじめに正しい方向で政治をやれば、たとえば嘘をついて数の力で暴力的になんでも通していくような政治に対抗することに力を発揮すれば、日本の歴史に貢献できたと思うんです。政敵ですが、そこは評価しています。それが、悲しいかな、人の意見を聞かずに、自己顕示欲を満たすためにエネルギーを注いでいた。

適菜　自分で言っていますからね。『まっとう勝負！』という本では、「なんで『国民のために、お国のために』なんてケツの穴がかゆくなるようなことばかりいうんだ？　政治家を志すっちゅうのは、権力欲、名誉欲の最高峰だよ」「自分の権力欲、名誉欲を達成する手段として、嫌々国民のため、お国のために奉仕しなければならないわけよ」と述べています。国や国民に対する憎悪が根本的なところにあります。

清水　「嘘つきは政治家と弁護士のはじまりなのっ！」とも述べてますね。

適菜　橋下の著書には悪徳弁護士の手法が並べたててあります。「嘘をつかないやつは人間じゃねえよ」「交渉において非常に重要なのが、こちらが一度はOKした内容をノーへとひっくり返していく過程ではないだろうか。まさに、詭弁を弄してでも黒いものを白いと言わせる技術である」「交渉では〝脅し〟という要素も非常に重要なものだ」「私は、交渉の過程で〝うそ〟も含めた言い訳が必要になる場合もあると考えている。自身のミスから窮地に陥ってしまった状況では特にそうだ。正直に自分の過ちを認めたところで、何のプラスにもならない」「絶対に自分の意見を通したいときに、ありえない比喩を使うことがある」「たとえ話で論理をすり替え相手を錯覚させる！」「どんなに不当なことでも、矛盾していることでも、自分に不利益になることは知らないふりを決め込むことだ」。橋下のことを「詐欺師みたいな政治家」と呼ぶ人がいますが、それは逆で、本職が詐欺師で、政治家は副業なんですよ。結局、悪徳弁護士の感覚で政治をやっていたわけです。だから清水さんがおっしゃるように橋下のエネルギーがいい方向に行った可能性は限りなくゼロに近いと思います。橋下は人の痛みがわからない。だから、橋下の能力を過大評価するのは危険です。詭弁やデマを流す能力、平気な顔で嘘をつく能力が高いだけで、社会に対して害しかありません。

清水　橋下氏は頭の回転も早く、口も達者で、それを武器にして交渉ができる。そして、彼が持っているルサンチマンは、ある意味、世の中に蔓延する不満に応答しているわけですよね。

適菜　そこが一番危ないところです。ナチスもそうですが、あの手の集団は大衆のなかに渦巻いてる不満を吸収することで拡大していく。第一次大戦の講和条約であるベルサイユ条約で、連合国側はドイツに莫大な金額の賠償義務を定めました。ドイツは領土も失った。その不満やルサンチマンがナチスを増長させたわけです。

清水　南海電車に乗り入れをしている泉北高速鉄道は「日本一高いんちゃうか」と言われていて、堺の南から難波に出るのに五百数十円かかっていた。就職の面接のとき、「君、通勤は？」「泉北高速鉄道乗ります」「ウチは定期代出せないよ」というくらい高い。ですから、泉北高速鉄道の運賃を値下げするのは、地元住民の要求であり、僕たち日本共産党も一生懸命署名を集めた。大阪府が泉北高速鉄道の株を南海電車に売却すれば、乗り換えの際の初乗り運賃はかからなくなるのですが、松井一郎知事（当時）はそれをやるどころか、わずか一〇円しか値下げしない提案をしてきたローンスターというハゲタカファンドに泉北高速鉄道を売り払おうとしたんです。

適菜　松井の正体がよくわかる話です。

清水　このときには、さすがに維新の会の中からも二名造反者が出た。結局、南海電車に売却して今は安くなりましたが、要するに維新の会がやっていることは改革ではなくて大阪の財産を売り払ってカネにするということです。

適菜　そもそも連中は行政の役割を理解していない。公共機関でも黒字のところだけ残して、赤字のところは清算してしまえと。政治の基本も公共という概念も空っぽです。赤バスだって、赤字になるのは当たり前でしょう。そもそも民間では採算が取れないから、行政がやるわけです。それを赤字だからという理由で潰してしまう。意味がわからない。これの繰り返しで、維新の会により大阪はどんどんおかしくなっていった。

清水　赤バスは老人が病院や買い物に行くのに便利やったんです。路線バスと違って、お年寄りの要求に基づいたルートを通っていた。たしかに維持にカネはかかりますが、大阪市営交通は地下鉄がドル箱なので、十分、ペイできたんですよ。それに、寝たきり老人をつくらせず、プールや買い物に行きやすくするという観点からも、赤バスや乗り合い型のデマンド・タクシーのようなものも行政は支えなければいけない。今、七五歳過ぎれば、運転免許証を返納しようという動きがあります。送り迎えしてくれる家族がいればいいけど、そうでなければ交通手段がなくなる。僕は「リニアよりシニア」と言っているんです。地元のおばあちゃんに「リニア乗りたい？」と聞くと「いつできるの？」って。二〇三七年て言うたら、「もう、いてへん」て。

適菜　とっくに死んでいると。

清水　橋下氏は、赤バスを廃止するときに、自分が住んでいる豊中市では老人は元気に歩いているから「一駅くらい、歩け」と言ったんです。それは、元気な人に対して使う言葉でしょう。歩けないから、バスに乗っているのに。これは許せない。

アホとは戦え！

適菜　以前書店に行ったら、『頭に来てもアホとは戦うな！』という本が平積みになっていました。一方で、『AERA』という雑誌が、「ウソつきとは戦え」という特集を組んでいた。アホや嘘つきに対して、どのような対応をとるのかは、考えておいたほうがいいと思います。面倒なので野放しにするか、それとも戦うのか。ネットでアホを相手にしても、なんのメリットもないし、逆恨みされる可能性もある。合理的に考える人間はアホとは戦わないと思う。でも、それでも戦うというのは、放置しておくと気持ちが悪いからだと思います。自宅の前の道路を掃除するのも、ゴミがたまっていたら、気になるからです。ゴミを掃除したところで、時間がたてば再びゴミはたまっていく。でも、それを掃除するのが人間です。人間の営みとはそういうものなのではないかと。一円も儲からないのに私がツイッターで、安倍政権や維新の会の問題を流し続けているのも、「一日一善」みたいな発想です。

清水 たしかに話の噛み合わない人と戦うのは体力、気力がいる。エネルギーを吸われるし。ツイッターで絡んでくるのをすべて相手をするのは面倒です。

適菜 私はボットに文章を打ち込んで、定期的に自動でツイッターに流しているのですが、ネトウヨの反応はいつも同じ。私が書いた「『安倍さんを降ろして、その先はどうするんだあ！』という安倍信者みたいなのがいた。チンパンジーがトラックを運転していたら、とりあえず止めるのが先でしょう。バカなんですかね？？」というツイートには、必ず「国の運営は急に止めることはできない」「だったら野党がいいのか」といったリプがつく。総理大臣が辞めたら手続きに則って、次の総理大臣が決まるだけです。先日は「そのチンパンジーを止めることすらできない野党や左翼はもっとひどい」というリプがあった。一応、安倍がチンパンジーであることは認めるんですね。成長したか？

清水 僕は国会議員のときに、法務委員会で刑事訴訟法の問題をやっていました。冤罪や証拠開示や取り調べの可視化といったものです。その法務委員会で、警察庁の長官が、「北九州の工藤会のトップを捕まえて死刑か無期懲役にする」と言ったんです。ちょっと待てと。それは司法が決めることであり、越権行為というか、三権分立を理解していないと国会で批判したんですよ。

適菜　当然の批判です。

清水　法務委員会で「警察庁長官を参考人で出せ」と言うたら、拒まれて、代わりに警察庁の刑事局の人が「それは、心意気を言っただけです」とええ加減な答弁をした。そしたら、ツイッターで炎上して、「おまえは暴力団の味方か」「清水は工藤会からカネをもろうてる」「親戚は暴力団だ」と攻撃された。だから、正しいことを言うのはリスキーで、あらぬ方向から攻撃される。正しいことを言うのはものすごく疲れる。だから、正しいことが言えない社会になっていく。これは恐ろしいことだと僕は思ったんですよ。

適菜　上には上がいるように、下には下がいる。下種でも発言できるのがネットの世界でしょう。大津市で中学二年生が自殺したとき、私は『産経新聞』に「正義は法に優先しない」という文章を書いたんですよ。加害者やいじめを見逃した担任教師や学校に問題があるのは当然だけど、だからといって、加害者の少年の顔写真や住所をネットで晒したり、中学校や県知事に脅迫状を送りつけたり、大津市教育委員会の教育長をハンマーで殴って殺害しようとするのはおかしいだろうと。こうした私刑、集団リンチに「当然の報い」「ザマアミロ」などと拍手喝采している連中の幼さ、卑劣さは、加害者の少年のそれとほとんど変わらないと書いたら、「適菜はいじめを肯定している」とか。一時期、「適菜は創価学会だ」というのもありました。

清水　何を根拠で？

適菜　某地方選のときに、立候補者について批判的な論評を書いたんですよ。そしたら、「適菜はなぜか公明党だけ批判してない。適菜の正体が見えた。創価学会だ」と。でも、その選挙、公明党からは誰も出馬していないんですよ。自民党と民主党の戦いだったので。この類の批判は多い。これは半分ネタになっているのですが、「適菜は自民党シンパだ」「適菜は立憲民主党シンパだ」「適菜は共産党だ」「適菜は極右だ」「適菜はパヨクだ」といろいろなパターンがあるのですが、これまで一度も言われたことがないのが「適菜は維新の会シンパだ」と。

清水　ははは。それは、ないわ。

オカルト工作員を育成するメディア

清水　維新の会には足立康史議員がいます。テレビの討論番組で「ポンコツ議員を一掃する」と言ったので、僕は「あなたが自身がポンコツ議員なのでは？」と言ってやりました。

適菜　あのアホの足立ですか？

清水　国会で彼の発言はしょっちゅう物議を醸しました。

適菜　足立は、国会で他党に対し「嘘つき、アホ、バカ」「こんな政党は日本の恥だ。アホ、バカ、どうしようもない」と罵倒し、懲罰動議が出されました。維新の会は発言を陳謝しましたが、その後足立は「関西ではアホは敬称だ。関西で最も尊敬されている方の一人に『アホの坂田』さんがいる。だからアホは敬称だ」と言い出した。だから、われわれも足立と呼び捨てにするのではなくて、アホの足立と呼んであげましょう。

清水　適菜さんの本に詳しく書いてあるけど、足立議員は選挙区で落選したら比例での当選を返上すると言いながら、ぬけぬけと議員におさまっています。

適菜　そもそも選挙区では当選できない人間でしょう。何度も落選し、比例ブロックで復活。足立は選挙前の公開討論会やツイッターで、「今回小選挙区で落ちれば比例復活はなし。政界を引退することが決まっております！」と発言。比例区に重複立候補している矛盾を指摘されると、「そもそも、重複立候補は党の方針。その上で、小選挙区で連続落選なら次は公認なし、だ。しかし、私はそれでは甘い、と言っている。連続落選なら、私は比例枠を返上すると言ってるんだ」と反論しています。その後も「改めて約束する」「足立に二言なし」と繰り返した。要するにデマゴーグです。「比例枠を返上するなら選挙区で当選させよう」と考えた自分の支持者まで裏切ったわけですね。ああいうのがいるから、政治に対する信頼が失われ、社会が腐っていく。足立は国会で、石破茂、玉木雄一郎、福山哲郎に対し、「獣医師会から献金を貰っている」「受託収賄、様々な疑惑が取り沙汰されている」と一切根拠を示さずに「犯罪者だと思っている」と発言。他にも公述人を罵倒したり、立憲民主党に対して「立民は北朝鮮の工作員」とツイートしたり常軌を逸しています。

清水　言うたもん勝ちやと思っているのでしょう。

適菜　維新の会に近づく連中はいかがわしいのばかりです。三浦瑠麗という女がいるでしょう。彼女が住民投票で維新の会が負けた理由は、維新の会はポピュリズムが足りなくて、フェアすぎたからだと。維新の会はクリーンだったから負けたんだって。

清水　よお、言うわ。どこがフェアやって。政党助成金使って嘘とデタラメで、住民をたぶらかしておいて。

適菜　三浦はブログで「物質的な便益を志向する有権者を取り込む方向性」として、「維新は、都構想による平成四五年までの効果を四〇〇〇億円と見積もりました。試算の成否は一旦置いておくとして、この四〇〇〇億円を原資に減税を行うということは可能だったはずです」などと書いていたが、住民投票の時点で四〇〇〇億円という数字は完全にデタラメであることは明らかになっていました。橋下の指示による粉飾で出した数字でさえ九七六億円。大阪市会の野党が出した数字は約一億円です。制度移行の経費と年間コストを引けば、明らかに

三浦瑠麗
国際政治学者。『21世紀の戦争と平和――徴兵制はなぜ再び必要とされているのか』など。

マイナスになる。「都構想」とは足し算ができれば誰でもわかる詐欺であり、試算の成否を「一旦置いておく」ことなどできるわけがない。つまり、事実関係も押さえないで妄想だけで文章を書いているわけです。

清水　これはひどい。

適菜　それで三浦は、維新の会は「いわゆる恐怖心を主要な動機付けとする手法を採らなかった」と言うんです。「例えば、二〇〇九年の政権交代の直前、自民党は民主党政権になったならいかにひどいことが起きるかということを繰り返していました。政治はきれいごとではありませんので、スキャンダルやネガティブ・キャンペーンを前面に出して戦うことも、それを適切なタイミングで提起することもしばしば行われることです。タウンミーティングやメディアにおける維新幹部の訴えはとてもクリーンでした」と。これも完全に妄想です。維新の会のタウンミーティングはまさに「スキャンダルやネガティブ・キャンペーンを前面に出して戦う」ものでした。ジャーナリストの大谷昭宏や元大阪市長の平松邦夫の悪口を繰り返し、維新の会に批判的な人間に対しては「悪魔に魂を売ってしまった」「わら人形を作って、たぶん五寸釘で打っていると思う」などと印象操作をしていた。

清水　三浦瑠麗氏は討論番組で見て、胡散臭いと思ってました。たしかに話し方は落ち着いていて、エビデンスのないことでも、根拠のあるそぶりでもっともらしくしゃべるでしょう。

適菜　自分は世の中に目を配って、きちんと状況を把握していますよといったポーズをとりながら、最終的には都合のいい政権擁護に結びつける。三浦が『東京新聞』に書いたバカ記事も話題になりましたね。安倍政権を擁護しながら、「大日本帝国が本当の意味で変調を来し、人権を極端に抑圧した総動員体制だったのは、一九四三（昭和一八）～四五年のせいぜい二年間ほどでした」と。治安維持法が制定されたのは一九二五年、小林多喜二（一九〇三～三三年）が特高警察に虐殺されたのが一九三三年、国家総動員法が制定されたのが一九三八年でしょう。頭の中がどういう仕組みになっているのかわからない。

清水　彼女はテレビ受けする部分があるし、嫌韓論など安倍政権の支持者が喜ぶようなことを言う。分断と対立を煽りながら、自分の居場所を確保する。大阪に北朝鮮のスパイがいるという話もテレビ番組でしていたでしょう。

適菜　北朝鮮のテロリストが日韓に潜んでおり、戦争により金正恩が死んだ場合、ソウルや東京、大阪に潜む北朝鮮のテロリストたちが活動を始めると。特に大阪は「今ちょっとやばいって言われていて」とのこと。「根拠がない」「在日コリアンに対する憎悪を煽りかねない」と懸念する声が上がると、三浦は反論。その根拠として挙げたのが『デイリー・メール』紙の記事だったんです。ネッシーの写真のスクープなどで有名なタブロイド紙ですね。信頼性はなく、ウィキペディアも引用を禁止しています。

清水　ははは。『ムー』みたいなものですね。

適菜　ああいうものに小銭を与えて育成してきたのが今の腐ったメディアです。

「都構想」住民投票事件の本質

清水　安倍政権や維新政治は国民に対して「民主主義とは何か」という問題を投げかけていると思う。一人一人が、今、問われてるんですよ。大阪でも、維新の悪政により民主主義が鍛えられているところもある。

適菜　民主主義をどのように定義されていますか？

清水　意見の合意形成を目指すことだと思っています。

適菜　厳密に言うとそれは議会主義です。本来の民主主義と議会主義はかなり異なるものです。民主主義は近代の理想、つまり、一人一人の価値は同じという発想の下にあります。住民投票や国民投票、裁判員制度は民主主義的な発想の下にある。一方、議会主義は基本的には反民主主義的なものです。議員は投票によって選ばれるので、直接民意が働くわけではない。選択原理が働いている。そこに人間性や知性が介在している。だからルソーは議会主義を批判したわけですよね。議会主義はただ単に多数決でものごとを決めるのではなく、議論し、合意を形成し、利害を調整する。そういう過程において、ひとつの問題をじっくり考える。熟議ですね。これも民主主義は危険であるという前提の上に、こうした制度が整えられてきたわけです。

清水　なるほど。

適菜　「民主主義は小国では可能だが、人口の多い大国には向いていない」「全員参加の政治は不可能だから、選挙による代議制(間接民主主義)を選択するしかない」という説明がよくありますよね。これも間違いですね。インターネットが進化した現在では、「全員参加の政治」は技術的に可能かもしれない。それをやらないのは、民主主義が根本的に間違っているからです。知性を介在させた議論が深まる前に、多数決原理にさらしてはダメなんです。小泉の郵政選挙のときも、大阪「都構想」の住民投票のときもそうですが、多数決ですべてが決まるということになれば、世論を動かすデマゴーグが活躍します。大阪の住民投票も本来議会で議論しなければならない問題を、大阪で賛成派と反対派で意見が二分している中、無理矢理住民投票に持ち込んだ。そのときに何が起きたか。デマを流したほうが勝ちという状況が発生したわけです。それこそが民主主義ですよ。あのときは、ぎりぎり一万票差くらいで反対派が勝った。あのとき、私は大阪のよくわからない料理屋の二階で、関係者と一緒に票読みをしていたんですよ。

清水 僕も最後に駆けつけました。住民投票で反対派が多数になって、僕が「適菜さん、今、どこですか？」と電話したら、藤井聡さんや薬師院仁志さんと一緒にいると。

適菜 そう、あのときは清水さんも来てくれた。薬師院さんは立派な学者で私は大好きなんですよ。彼の本も昔から読んでいて、影響も受けました。でも、住民投票の反対派が勝ったときに、彼は「これからはノーサイドだ」と叫んだんです。要するに、維新の会のせいで大阪の人々の心が二つに割れてしまって、いがみ合いも発生した。でも、結論が出たのだから、これからは仲良くしようと。

清水 うん。

適菜 私はそのとき「ふざけるな」と思ったんです。維新の会がこれだけ大きな問題を引き起こしておいて、ノーサイドもなにもないと。責任の所在を明らかにしないと、同じことの繰り返しになる。私が言いたかったのは、住民投票の反対派の勝利を民主主義の勝利と捉えると大きく間違うということです。特に左翼的な人たちは、「市民社会の勝利だ」と言っていた。民意はノーをつきつけたというわけです。しかし、維新の会みたいなものを生み出したのも市民社会であるし、橋下を増長させたのも市民社会です。民意を礼賛すると間違えます。維新の会の暴走を止めたのは知性ですよ。大阪市、そして日本にいるまともな人間が動いたから、ぎりぎりのところで阻止することができた。

清水　それはわかります。維新の会を支持する人だって、市民なわけですから。維新政治を生み出したのも、市民だし。

適菜　左翼は民主主義を無条件に礼賛するけど、この三〇年にわたって日本に吹き荒れているのは民主主義革命ですよ。議会で決めるべき問題を、国民に丸投げしたり。郵政民営化法案が参院で否決されたときも、小泉は「民意を問う」と言って、衆院を解散した。そして反対派に刺客を送って、潰していった。チェック機関である参院の判断を無視して、再び民意を問うのは議会の否定です。

清水　おっしゃるとおり。

適菜　維新の会のバックには官邸がいたわけです。安倍と菅義偉は、大阪自民党に執拗に嫌がらせを続けていた。だから、大阪自民党と日本共産党が組んだのは当然です。大阪市を守るのが目的なのですから。

［第三章］

日本共産党はなにをやろうとしているのか

共産主義は本当に必要なのか？

適菜　今、国政において日本共産党が大きな役割を果たしていることは事実です。しかし、共産主義は本当に必要なのかという問題は大きいと思います。私は共産主義は、根本的な部分で間違っていると思います。ゲオルク・ヴィルヘルム・フリードリヒ・ヘーゲル（一七七〇～一八三一年）の問題、カール・マルクス（一八一八～八三年）の問題を振り返った上で、共産党と共産主義の関係について考えていくべきだと思います。

清水　大賛成です。私は本部の会議で、志位さんやみんながいる前で、「私たちは共産党の共産主義者でしょう。その私たちが、共産主義・社会主義について語るのに躊躇していいんですか」と言うたんですよ。資本主義の枠内での改革を目指しているとはいえ、共産党と名乗っている以上、共産主義・社会主義について問われるんです。だから、僕は、共産主義・社会主義を語るのに、躊躇しないと偉そうに風呂敷を広げた。それからは僕自身も、社会主義・共産主義について、積極的に語るようになりました。昔のソ連や中国がデタラメだとしたら、それとどう違うのかとか。今の資本主義が永遠に続くのか、とかね。僕は、今の資本主義は、「今だけ、カネだけ、自分だけ」という利潤第一だと思います。いいところもありますが、この利潤第一というのを乗り越えていかないとならない。

カール・マルクス
ドイツ・プロイセン王国出身の哲学者、思想家、経済学者、革命家。

適菜 その流れは加速しています。資本主義は必然的に暴走します。それを抑える政治の役割も機能不全を起こしている。かつての自民党は保守的な側面もありましたが、今は党内にいた保守勢力は完全に駆逐され、新自由主義勢力とカルトや政商に乗っ取られています。自民党と名乗ってはいるものの、過去の自民党とはほとんど別の組織ですよね。今は大衆社会の空気だけで動く都市政党になってしまった。派閥も機能しなくなったし、政策も行動原理もまったく違う。安倍は二〇一五年の新経済連盟の新年会で「今年も経済最優先で政権運営にあたっていく」、三木谷浩史（楽天株式会社代表取締役会長兼社長最高執行役員）や金丸恭文（フューチャー株式会社グループCEO、元・新経済連盟理事）には「私の改革を強力にサポートいただいた」とし、「新経済連のご要望はほとんど、われわれがやらせていただいているのではないか」「私たちも感謝申し上げますが、皆さんにもちょっと感謝していただきたいと思います」とおどけて見せた。本当におぞましい。安倍は「わが国がＴＰＰを承認すれば、保護主義の蔓延を食い止める力になる」とも言っていましたが、国益という言葉を知らないのでしょうか。誰の利益を代弁しているのかは明らかです。

清水 地球環境の問題ひとつとりあげても、いまだに地球は温暖化していないとか、パリ協定は茶番だと言う人がいます。将来を考えたときにそれでいいのでしょうか。

適菜 近代の構造は元に戻せないし、それは資本主義についても同じです。そこを突き詰めて考えなければならない。もちろん、日本共産党の公式な見解や、中国やソ連の共産党に対するスタンスの変遷についても、検証すべきです。

清水 暴力主義ですね。「鉄砲から政権が生まれる」と。「日本の共産党はいつまで選挙やってんだ。鉄砲持って暴れろ」と言う人がいる。それこそ適菜さんから「日本共産党は暴力革命路線に立ち戻れ」という推奨がありましたが。

適菜 半分は冗談ですが、半分は本気です。つまり、日本共産党は暴力革命を放棄した時点で存在価値がなくなった。福田恆存（一九一二〜九四年）が「生き甲斐といふ事」という文章で同じことを言っています。簡単に言えば、共産主義は非合法と武力革命とを前提として初めて魅力的なものであったが、議会主義の寛容に飼いならされた結果、自己欺瞞に行き着くしかなくなったと。というよりも、マルクス - エンゲルスを読めばわかるように暴力主義は共

福田恆存
劇作家、翻訳家。『近代の宿命』『人間・この劇的なるもの』など。

産主義の本質なんです。フリードリヒ・エンゲルス（一八二〇～九五年）は明確に民主主義を否定しています。他のどのような統治形態とも同様に、最後にはこなごなになるに違いないと。

清水　そこは適菜さんと認識が違います。昔はコミンテルンもそうですし、ソ連も中国も大国として、日本にかなり干渉してきた。「選挙とか甘っちょろいことをやっているな」と。鉄砲から政権が生まれるということで武力闘争を押し付けてきたり。それで、そういう干渉を、全部はねのけてきたという歴史があります。そして、最後には中国にもソ連にも謝罪させた。ソ連共産党が解体したときは、もろ手を挙げて歓迎しました。声明も出しましたし。中国も核兵器の問題で自分たちの主張を押し通そうとする不遜な動きがあるので、日本共産党は厳しく批判した。言論に対する反論は、言論でやるべきで、天安門事件のように暴力で封印するのはあってはならない。それをおかしいと批判することは別に内政干渉にはあたりません。

適菜　それはそれでいいんです。しかし、社民主義路線をとるなら、共産党と名乗るのはやはり矛盾があると思います。

暴力革命について

清水　僕は経済の飛躍的な発展に希望をもっています。今の経済は、資本家のための経済で、利益第一主義で、世界の八人の富豪の資産が世界人口三〇億人と同等という格差がある。経済活動の本質が一部の資本家を儲けさせるというところから、すべての国民、人間を幸せにするための動機に切り替えることができれば、それは、すごい発展をもたらすと思います。たとえば、トヨタの労働者が自動車を作っても「俺が作った」と言って持って帰れないじゃないですか。それは資本家のものであって。結局、資本主義社会では、労働者が搾取され、正当な労働の対価を受け取れないという矛盾からは抜け出すことができません。労働の成果すべてが自分たちのものにならない。

適菜　自分の労働の成果が自分たちの成果になるのは、たとえば、釣りとか山菜採りとかですか？

清水 僕たちは、社会主義的変革の中心が主要な生産手段、例えば工場や機械などですが、その所有・管理・運営を社会の手に移す「生産手段の社会化」にあると考えています。「生産手段の社会化」は、搾取をなくし、労働時間の抜本的な短縮をも可能にします。能力を開花させるための自由な時間が増えて、人間的な発達も保障されます。社会化されない住宅や車などの生活手段はもっと豊かになりますよ。

適菜 でも、今の社会って、ある程度、物質的に豊かじゃないですか。

清水 それは、富が一部に集中している上での豊かさです。

適菜 特に今はデフレだから物価も安いし。それにほとんどの人間はそれほど金持ちになりたいと思ってもいない。適度に貧乏で、アメリカの属国としてやっていきたいんです。国際的に見ても、共産化を防ぐために、社会主義的政策を取り込んできたという歴史があります。

清水 それは、ありますね。でも、構造改革を進めてきたり、新経営戦略とか言ってきた財界人が、結局、それでは若い人が育たなくなって、外国人労働者に頼らざるを得なくなったということを反省して、利益第一主義は間違っていたと思うかです。ヒト・モノ・カネというけど、ヒトは、モノ・カネと違うと。これからは人にもっと分配する経営を考えないとと反省しているようにね。

適菜 いや、そんな反省なんてするわけないですよ。それに若い人が育たなくなったから移民を入れたいのではなくて、単純労働者がほしいだけです。私はマルクスの資本主義分析はかなり正しいと思いますが、唯物史観は完全にオカルトです。哲学者のミシェル・フーコー（一九二六〜八四年）が、マルクス主義は一九世紀という水の中でしか泳げない魚のようなものだと言ってましたが、それ以前に社会科学を現実社会に運動として組み込もうという発想自体が大間違いなのです。マルクスは資本主義が高度に発達した段階で革命が発生すると言ってますよね。それは暴力革命でしょう。

清水　違います。

適菜　違いますか。マルクスは『資本論』で独占資本により抑圧や搾取が広がると労働者階級の反抗が増大すると書いてます。それが資本主義という形で調和できなくなると、資本主義的私有という概念が終わりを告げると。『共産党宣言』では、「共産主義者は、自分たちの目的が、これまでのいっさいの社会秩序の暴力的転覆によってしか達成されえないことを、公然と宣言する」と言っています。

清水　議会の多数を得て社会を変えるのが日本共産党の一貫した方針です。暴力革命の否定は、わが党の綱領に書いてますよ。

適菜　いや、今の日本共産党の立場ではなくて、マルクスについての質問です。

清水　マルクスが言っているのも同じです。権力が移り変わることが革命です。日本で権力を持っているのは誰ですか。安倍でも天皇でもない。僕は、アメリカと財界だと思います。だから、アメリカと財界から、権力を、国民、働く人、われわれの手に取り戻すのが革命です。これは別に、社会主義・共産主義にするための革命ではなくて、権力を取り戻すのですから、あえて言うなら民主主義革命だと思っているんです。

適菜 いや、私が今聞いているのは、マルクスの話です。日本共産党と二段階革命論をめぐる経緯については承知しています。綱領にもある民主主義革命から社会主義革命に進むという方針ですね。

清水 あ、ちょっと、僕が、はき違えてた。革命のスタイルは、それぞれの国の条件に応じて、変わっていきます。議会制民主主義やない国で、革命をやろうと思ったら、強権的スタイルによる革命もありうるわけです。一方、日本のように議会がある国では選挙によって、権力の移譲は可能なので、民主主義的に権力を取り戻すことはできる。それで共産党政権ができたとしても、いきなり社会主義・共産主義になるわけでもなく、国民の合意や納得の上に、一歩ずつ、段階を経るように……。

適菜 そうなると、マルクスと日本共産党はほとんど関係なくなる。共産主義が独裁になるのは構造的なものです。だからプロレタリア独裁という発想になる。マルクスは「ゴータ綱領批判」で独裁を明確に肯定しましたし、エンゲルスもジャコバン独裁を高く評価しました。

革命を完成させるためには、立法権だけではなく、行政権や警察、軍事力もすべて押さえると。そしてこれを労働者階級が支配する。しかし、その実態は共産党というエリート、利権組織の支配だったわけです。これはキリスト教会と同じ構図です。神の代弁者を名乗る組織が権力を握ったように、あるいは一般意思の代弁者を名乗るジャコバンが権力を握ったように、労働者の代弁者を名乗る共産党が暴走したわけです。ニーチェは『権力への意志』で、社会主義的腐敗・共産主義的腐敗は、キリスト教的腐敗の一つの帰結だと述べています。それは「彼岸」を立てる腐敗であると。夢を語って、人々を騙す。だから、レーニンやヨシフ・スターリン（一八七八〜一九五三年）の問題というより、独裁は共産主義の根幹にある問題です。独裁権力は必ず腐敗する。だから、共産主義を掲げる政党は必ず腐敗します。

清水　もちろん、ソ連も中国も失敗しました。

適菜　だから、それは運用の失敗というより、共産主義の教義の問題でもあるわけです。

清水　日本共産党は教条主義的にマルクス・エンゲルス・レーニンを崇拝しているわけではありません。日本共産党は、綱領で単独政権をとらないことを決めています。他の政党との連合政権しか作らない。絶対、独裁はやらないと決めている。それは、ソ連の失敗を、二度と繰り返さないという戒めです。共産党といえども、人間の集まりですからね。率直に言うと、失敗もあります。不祥事を起こして辞める議員もいないことはない。「人間だもの」と

ヨシフ・スターリン
ソビエト連邦の政治家、軍人。同国の第二代最高指導者。

相田みつを（一九二四～九一年）も言っているじゃないですか。
適菜　人間だからこそ、合理的に動かないし、間違うことがある。だから理性的な判断により、社会を設計しようという左翼の発想自体が間違っているのです。それに、日本共産党が言っているのは理想論だけで、資本主義を壊すことは永遠にできないですね。
清水　どうしてですか？
適菜　資本主義体制を壊すのは難しい。将来的になくなればいいということなら、誰でも簡単に言えます。普通に考えれば唯一の方法は暴力革命です。暴力を否定して革命を言うのは欺瞞でしょう。日本共産党が一党独裁はしないというなら、それこそ、ただの社民主義です。だとしたら、日本共産党は正式にマルクス主義を放棄したほうがいいのではないですか？
清水　今、日本に求められている革命や改革は何か。今すぐ社会主義や共産主義にすることが国民の要求ではない。僕は、安倍みたいな独裁を許さない。大阪では、維新の会のようなひどい政治を許さないと。もっと一人一人の声が届き、民主主義が大切にされる国を作ると。だから、民主主義革命が大事であって、社会主義革命・共産主義革命を今すぐやろうという連中とは、たもとを分かったわけです。天皇制があっても民主主義革命はできる。社会主義、共産主義にしろ、それを国民が望むかどうかは、これからの問題です。

適菜　国民は望んでいないでしょう。

清水　資本主義が未来永劫続くか、人類が到達した経済形態の最終形態と見るかどうか。それとも、その先に、貨幣によって働くのではなくて、それぞれの個性や特徴を、社会全体の利益に資するために活躍できる世の中。そういうものがあるのか、それとも、この資本主義で終わりかと。

適菜　それを超えるものがあるというなら、日本共産党はそのプロセスを示す責任があります。政治家と評論家では役割が違います。

清水　僕は資本主義と共産主義は利益相反する、対立するものではないと思う。今の資本主義はいい面がたくさんあると思う。物質的にも豊かだし、カネを出せば美味しい酒も飲めるし、頑張ったら給料も貰えるし、マンションだって買える。でも、解決できない矛盾がある。繰り返す恐慌、地球環境の破壊、格差の問題……。だから、今の資本主義をよりよくしていく道、人類がもっと発展していく道があると思う。これを進めていくのは、今権力を持っている人たちの善意や説得ではなくて、国民や市民の運動が大事だと思っています。

適菜 うーん。それはまったく理解できない。資本主義下において社会主義的政策をとることはありえても、資本主義と共産主義は明らかに対立します。結局、このように話がこんがらがるのは、「日本共産党は本音を隠しているかもしれない」と誰もが思っているからです。だから、何度も言っているように、共産主義の旗なんて降ろせばいいんです。少しきつい言い方になってしまうかもしれませんが、共産主義および共産党が引き起こした過去の悪行について、それこそ現象面においても、思想の面においても、きちんと総括しなければならない。人類に明るい未来を提示して、権力を握るというのは、すでに述べたようにキリスト教会もあらゆる独裁政権もやってきたことです。もちろん、清水さんがそういう人間だと言いたいのではなく、共産党が最終的に信頼されない理由はそこだと言っているだけです。

イデオロギーについて

適菜 「主義」というのは思考停止なんですね。ある概念体系に当てはめて考えるということですから。答えを導くための方程式のようなものです。だから、「主義者」は歴史にも、政治にも、答えがあると思ってしまう。答えがなかったら、「主義」にはなりませんから。「主義」により、正解を導くことができるなら、そのあとは運動により、それを実現させることが正義ということになる。だから「歴史の目的」という考え方になってしまうわけです。唯物史観は典型的なイデオロギーでしょう。一方、あらゆるイデオロギーを根本的な部分で拒絶するのが本来の保守です。そこには懐疑主義の伝統も流れている。人間の理性を過信しない。そういうまともな保守主義者が日本にはほとんどいない。

清水　適菜さんは保守なのに、『赤旗』に登場したりする。感覚が古い人にはよく理解できないでしょう。適菜さんが指摘してきたように、今、保守的なことを言っているのは日本共産党だと。本来は政権を担っている自民党が言わなければならないことを、僕たちが言っている。

適菜　自民党が完全に変質したんです。そもそも自民党は保守政党ではありませんでしたが、ごく一部に保守的な政治家もいた。それくらいの懐の深さがあった。保守主義という言葉も、誤解を招きやすい。保守とはもともと常識人という意味です。日常生活を保ち守るということです。しかし、フランス革命が発生し、あらゆる常識が失われてしまった。それに抵抗するために、あえて常識を擁護しなければならなくなってしまった。それがエドマンド・バーク（一九二九〜九七年）が言うような保守主義です。だから、「主義」とはいうものの、逆にイデ

エドマンド・バーク
イギリスの政治思想家。「保守主義の父」として知られる。

オロギーを警戒する姿勢のことです。理想は暴走する可能性があるし、歴史を振り返れば暴走してきた。「理想をなくせ」というのではなく、理想をどう扱うかという話です。私はだいぶ前から、日本共産党の主張は保守的なものが多いと思っていました。大阪で日本共産党が言っていたことは「大阪を守れ」「市民社会を守れ」ということです。一方、「日本をグレート・リセットする」「（大阪について）こんな猥雑な街、いやらしい街はない。ここにカジノを持ってきてどんどんバクチ打ちを集めたらいい」と言っていたのが橋下維新だった。

清水　日本共産党も認識の発展や研鑽があって、金科玉条のごとくマルクスやエンゲルスが言っていることが正しいと言わなくなった。レーニンにも誤りがあった。中国は憲法に毛沢東（一八九三～一九七六年）・鄧小平（一九〇四～一九九七年）、今度は、習近平の思想まで書き込むといいます。僕たちからすると理解できない。強い違和感があります。

特定の人物や特定の思想、それこそ「主義」を、国家の基本的な考え方として、記述するのは違うだろうと。そんなものは社会主義でも共産主義でもない。全体主義そのものですよ。僕たちは昔のソ連の轍は踏まないと。僕たちが目指す共産主義は、自由と民主主義を最も大事にするんだと。日本共産党は理想主義だとかロマンチストだとか現実逃避といわれるけど、新しい試みもやっているんです。

党名変更について

適菜 だとすると、共産党を名乗る意味がなくなるのではないですか？　共産主義が全体主義だと思われるのは誤解ではなく、共産主義の本質は全体主義です。

清水 だから、「党名を変えろ」とよく言われます。共産主義なんて、時代遅れだと。

適菜 「保守党」に名前を変えたらどうですか。それが一番実態に即している。国民の抵抗も薄れるでしょう。

清水 これは冗談として聞いてもらいたいのですが、どうしても変えろといわれるなら、僕は自由民主党にします。いま自由民主党を名乗っている政党が、自由と民主主義を破壊しているわけですから。これは、もう、ブラックジョークです。日本共産党ほど自由と民主主義を大事にする党はありません。

適菜 ソ連も中国も共産党だから、同じようなものだと思われる。共産党という党名のイメージがよくないんです。それくらい言葉の力は強い。共産党を名乗っているだけで、負のイメージがついてしまう。だから、本気で政権をとろうというなら、党名変更にまで踏み込むべきです。共産党が連立政権に入ったときに、党名が共産党だと外国の人たちもびっくりしますよ。それに、まったく同じ党名は使えないですよね。「自由と民主党」だったら大丈夫かもしれませんが。

清水 「部屋とYシャツと私」みたいな。

適菜 以前大阪で清水さんと飲んだときにも話しましたが、今、日本に保守政党がひとつもないんですよ。

清水 ああ、面白い指摘ですね。

適菜 これは驚くべきことで、戦後七〇年たっても、保守政党が生まれなかった。政治家も朝から晩まで改革と騒いでいるような連中ばかりです。戦後体制を保守する自称保守政党はありましたが。だから、保守的な政治の再建というか構築を考えなければならないのであって、その空白を埋める意志があるのでしたら、日本共産党は党名を変えて、皇室の問題と、軍隊の問題のけじめをつけて、公式にアピールすれば、潜在的な保守層が集結するのではないですか。

清水　日本共産党に対する懸念が国民のなかにあって、共産党を含む政権ができれば不安だと思われている。万が一、共産党の議員が防衛大臣になれば大変だと。だから党名を変える方法もあるかもしれませんが、むしろ共産党そのものを、よく理解していただけるような努力をしていきたいと思っています。それに党名を変えて伸び続けた党はないですし。

適菜　自民党だって、社会党だって、合併して党名を変えて伸びたじゃないですか。それが五五年体制です。

清水　そうですけど、希望を託された党名なので。ただ、適菜さんがおっしゃっているように、保守層が近寄りがたい。最後はやっぱり支持できないという不安や懸念を乗り越えていくための努力はやりますよ。

民主主義と独裁の親和性

適菜　民主主義の本質を突き詰めると、全体主義になります。ルソーの議論は、もちろん、ご存じだと思いますが、民主主義に対するセーフティーネットとして権力の分散や議会主義的なものは機能しているわけですよね。だから、民意にそのまま従うのは政治ではない。特

マクシミリアン・ロベスピエール
フランス革命期の政治家で代表的な革命家。恐怖政治を行った。

に今のようなマスメディアが劣化している状況において、民主主義を礼賛するのは自殺行為です。日本共産党にネックがあるとしたら、近代啓蒙主義を基盤とした、民主主義礼賛史観に染まっているところです。

清水　全体主義は独裁ですね。

適菜　多くの人は民主主義と独裁は逆の概念だと思ってますけど、民主主義を突き詰めれば独裁になります。アレントも指摘しているように、民主主義と独裁の親和性はかつては常識だったのですが、近代化の過程で話がどんどんおかしくなっていく。ルソーの一般意思という概念がマクシミリアン・ロベスピエール（一七五八〜九四年）により、現実社会に組み込まれた結果、どうなったのか。一般意思という国民の誰もが拒絶できないような共通の意思の代弁者が暴走したわけです。科学的に理性的に「正解」を導きだし、それに向けて「行動」するという考え方の延長線上に日本共産党もあるわけでしょう。自由や平等といった近代の理想を極端な形で推し進めるためには、強力な中央権力が必要になります。よって平等の神格化は強力な国家権力を生み出すし、自由の神格化は自由の暴走を生み出す。一方、保守主義は、権力の集中、全体主義を否定します。歴史的にみれば、左翼勢力は権力の一元化をずっとやってきた。ジャコバン派も旧ソ連も毛沢東もポル・ポト（一九二八〜一九九八年）もそうです。今の安倍がやってるのと同じです。だから、今の日本では逆転現象が発生しているのですね。自称保守が全体主義に接近し、本来全体主義的である共産党が、保守的な発言を続けている。暴力革命なんて起こさなくても、安倍政権が着実に国家を解体しているわけですし。

清水　面白い現象です。アルベルト・アインシュタイン（一八七九〜一九五五年）が、一九五〇年代のドイツで左翼の雑誌が刊行されるときに、「なぜ、いま社会主義か」という祝辞を寄稿しています。その中で、適菜さんがおっしゃったように、権力は腐敗すると。権力はそれを支援する富裕層から献金を受け取り、権力を私物化し、マスメディアを使って洗脳すると。当時なのでラジオや新聞のことだろうと思いますが。

適菜　権力を信用しないのが保守の本質です。以前、頭の悪い左翼の学者がケチをつけてきたこともありましたが、「権力は腐敗する、専制的権力は徹底的に腐敗する」というのは、左翼が金科玉条としてきた平等主義、理想主義を根底から批判したジョン・アクトン（一八三四～一九〇二年）の言葉ですよ。アクトンがフランス革命を否定したのは、人民の名の下に権力が一元化され、恐怖政治と国土の崩壊を招くことになったからです。権力は必ず暴走する。権力の集中は必然的に全体主義に行き着きます。

普遍的人権について

適菜　片山さつきという自民党の議員がいます。彼女が「国民が権利は天から付与される、義務は果たさなくていいと思ってしまうような天賦人権論をとるのは止めよう、というのが私たちの基本的考え方です」と言って、ネットで左翼から叩かれていた。片山さつきはロクでもないけど、天賦人権論はどう考えてもおかしいでしょう。人権は歴史的に人類が戦い取ってきたものです。天から授かったというカルトを、宗教が嫌いなはずの左翼が信仰するのは、どうなんでしょう。

清水　人権は生来備わっているものか、それを現実社会で具現化するかは別だと思うんです。本来は、そうあるべきだけれど、だからといって、自動的に具現化するわけではない。戦前の日本を思い起こせばわかりやすいと思います。今の憲法一二条も基本的人権を保持し続けるためには、国民の不断の努力が必要だと言っている。「ボーっとしていたら失われる」とわざわざ書いているわけです。だから主権者である一人一人の人間が、それを守り続けるための努力をしなければならない。

適菜　だとしたら、日本共産党は天賦人権説など否定しなければならない。また、天賦人権説を唱えた連中が人権を抑圧してきたという歴史を直視しないといけません。

清水　共産党的な考え的ですが、世の中は常に支配する側と支配される側がいるという構造があって、支配される側が、今の局面を打開するために社会的な運動や、働きかけをやることによって、ひとつひとつ、成果を勝ち取っていくことができると思うんです。ヨーロッパと日本では労働環境ひとつとってみても、遅れていると思うんです。労働時間も有給休暇の取得率も福利厚生も。じゃあ、ヨーロッパの人たちが最初から権利を与えられていたのかといえば、そうではなくて勝ち取ってきたものですよ。しかし日本はポツダム宣言を受け入れて、権利を与えられたと思ってしまった。でも、個別の権利は、共産党を含め、民主主義を求めてきた人たちの不屈の戦いの結果です。

適菜　おっしゃる通りです。極めて歪んだイデオロギーを輸入してきて神棚に飾ったわけです。アレントは平等や普遍的人権という概念に根底的な批判を加えました。フランス革命を分析し、同情や平等といった概念がテロリズムに行き着く構造を明らかにしています。そして、権利とは遺産であり、イギリス人の権利、ドイツ人の権利という個別の形でしか現れないと。ユダヤ系ドイツ人だったアレントから見れば、アウシュビッツという惨禍以降に普遍的人権を唱えるのは、無責任というより、人間性に対する非常にふざけた態度に映ったのでしょう。それと、世の中は常に支配する側と支配される側がいるというのは、あまりに単純化しすぎだと思います。国民主権というなら、最大の権力者は国民でしょうし、権力が上から下に流れていくというのも前近代的な現象です。普通のおばさんがワイドショーを見ながらポテトチップスを食べているだけでジェノサイドにつながるという状況が発生したのが二〇世紀でしょう。そもそも専制と独裁は違います。専制は強力な権力者が国民に権力を行使しますが、独裁は権力と国民が一体化していくわけですよね。それこそアレントが指摘したように、全体主義は大衆がいなければ成り立ちません。

清水 おっしゃる通りで、巧みなんです。僕も、かつての権力観がいつまでも通用するとは思っていなくて、今の権力はある程度自由や権利を保障しながら、一方で、巧みに国民を支配する構造になっていると思います。インターネットも、メリットとデメリットがありますね。一人一人が自分の意見を発信できるので、ネトウヨが台頭したりする一方、健全で、ヒューマニズムにあふれていて、間違ったものと対決するという適菜さんをはじめとする人たちがいる世界でもあるんです。

ユーモアと絶望

適菜　昔から私が言っているのは「正しい社会」ではなくて、「楽しい社会」を目指したほうがいいということです。人によって「正しさ」の基準は違います。世の中にはいろいろな意見があります。だから、一部の人間の「正しさ」を他の人間に強制するのは楽しくないわけですよ。もちろん「楽しさ」にもいろいろありますが、「正しさ」ほどのブレはないし、悪いほうに突き進む危険性は少ない。特に、為政者が「正しい社会」を作ろうと言い出すとロクなことになりません。保守的な理解によると、政治家は「正しい社会」を実現させるためではなく、「正しい社会」を実現させようと妄想を膨らませている連中が暴走しないように管理するために存在する。火事が発生したら消火するのと同じで、落ち着いた世の中を運営することが為政者の役割だと思います。イギリスのマイケル・オークショット（一九〇一～九〇年）も福田恆存も保守政治の役割をそのように規定してますね。一方、左翼は「正しい社会」を理性により建築しようとするわけです。安倍のような花畑グローバリストも、「新しい国を作る」だの「わたしが政治家を志したのは、ほかでもない、わたしがこうありたいと願う国をつくるためにこの道を選んだのだ」などと言っていますが、要するに政治家になる資質がないんです。安倍の夢が素っ頓狂なものであることを脇に置いておいたとしても、自分の夢を国民におしつけるという発想がおこがましいし、間違っている。安倍は吉田松陰（一八三〇〜五九年）が引用した『孟子』の「自らかえりみてなおくんば、千万人といえどもわれゆかん」という言葉を気に入っていて、自分が信じた道が間違っていないという確信を得たら断固として突き進むのだと繰り返している。「この道しかない」といった安倍政権のスローガンもここから来ているのでしょう。これは保守の対極にある発想です。保守とは「確信」を警戒する態度のことです。

清水 僕は適菜さんの意見に賛成です。「楽しい社会」は僕の目指すところでもあります。僕は全国で集いをやっていますが、日本共産党の清水に質問したいという人たちが集まってくる。あるとき、こんな質問をされました。「今の安倍政治に絶望してる人が多い」と娘に話したら、娘が「おかあちゃん、絶望の対義語は何か知ってる？」と。適菜さんは絶望の対義語はなんだと思いますか？

適菜 「希望」ですか？

清水 僕もそう答えました。しかし、その娘さんは違うと言うんですよ。彼女は「本当に絶望してる人に、希望を持てと言えるのか」と。たとえばアウシュビッツに収容されて、明日殺されるかもしれないユダヤ人に、希望を持てと言えるのかと。それで母親が「じゃあ何？」と聞いたら、「ユーモアだよ」と。社会の圧迫や殺伐とした心持ちを乗り越えていくのは、人間ならではのユーモアではないかと。それがあって、はじめて希望も生まれて来るのではないかと。僕もそう思うんです。

適菜　なるほど。

清水　沖縄の基地問題も、普天間から辺野古への移設の反対運動があります。アメリカの映画監督のオリバー・ストーンやマイケル・ムーアも賛同しているのですが、彼らが日本に来たときに、この運動に対するメッセージをお願いしますと言ったら、一番大事なことは、ユーモアだと。日米両政府が本気で基地を作ろうとしている中、おじい、おばあが集まって、やっていると。より厳しい状況だからこそユーモアが必要なのだと。

適菜　自分が置かれている状況をある程度客観的に見ないと、ユーモアは生まれない。アベウヨやネトウヨにユーモアはないでしょう。人類の長い歴史の中に、今起きている現象を位置づけないと、ユーモアを有効利用できないと思うんですね。沖縄の基地問題にしても局部だけ見れば、安全保障の問題だったり、一部の左翼の活動と捉える人もいますが、長期的なスパンで見れば、日本の独立の問題、もっと長期的に見れば、近代の破綻の問題が隠れている。そこを突かなければユーモアは生まれない気がします。

清水　安倍政権を真剣に相手にしたら疲れるだけやからね。政権打倒の方法は様々でしょうが、ユーモアで笑い倒すくらいで、ちょうどいい。僕はひとつの格言を信じているんです。

大勢の人を短期間騙したり、少数の人を長時間騙したりすることはできる。しかし、歴史を振り返れば、大勢の人を長期にわたって騙し続けることに成功した人はいないと。

適菜 あ、一人いるかもしれない。

清水 誰？

適菜 プラトン（紀元前四二七〜紀元前三四七年）。

清水 ははは。これがユーモアですね。

プラトン
古代ギリシャの哲学者。ソクラテスの弟子にして、アリストテレスの師にあたる。

「正しい社会」という妄想

清水 僕は高校のときに哲学を専攻して、イマヌエル・カント（一七二四〜一八〇四年）の倫理哲学を読んだりした。「汝の意志の格率が、常に同時に、普遍的立法の法則に妥当しうるよう行為せよ」とかね。大人になってからは商売がやりたかった。芸人や政治家にならなかったら、商売をしていた可能性が高い。先ほど「楽しい社会」の話が出ましたが、そのために豊かではないとだめです。昼から飲める社会がいい。

適菜　朝から飲めればもっといい。まあ、飲んでいるけど。

清水　適菜さんだったら、作詞の仕事に力を入れる時間を持てる。人間として楽しく生きることができる。怠惰がいいということではなくて、ゆとりを持って生活できる社会ができればいいと思います。

適菜　最近、作詞家はあまり名乗っていないんですよ。全然儲からないから。もっと、大物歌手の歌詞をオファーしてこいよと。

清水「正しい社会」という発想がイデオロギーに転化してしまうという話はよくわかります。昔のソ連は、青写真を描いて、重たいものは高価、価値があると考えた。だから、なんでもモノを重くした。機械でもトラクターでも重いのがいいと。それで田んぼで埋まって、動けなくなったり。

適菜　昔、聞いた話ですが、アメリカ人がソニーのウォークマンを見て、日本は遅れていると思ったらしい。アメリカのほうがデカいからと。本当の話かどうかはわかりませんが。

清水　これからはＡＩがなんでもやる時代です。でも、機械に振り回されないようにしないといけない。そのうち、国会議員も、ＡＩにやらせたほうがええという話になる。

適菜　小池百合子が「私はＡＩ」と言ってました。たぶん、あれは本当だと思うんですよ。あのオバハン、なんか人間離れしているでしょう。共産主義の失敗も青写真を描き、現実を理論に合わせていったからです。そこからはみ出すものは、徹底的に抑圧する。一方、保守は近代の理想を全否定するのではなく、それを超越的価値に結び付けることを警戒するわけです。人間は決して平等ではないし、等価ではない。むしろ、人間は個別に異なるものだからこそ、法的な平等という発想が必要になるのです。

清水　ソ連共産党の間違いは絶対、繰り返してはいけない。外政的には覇権主義でしたし、内政的には専制主義と官僚主義だった。スターリンは大虐殺をやったし、集団農場、ソフホーズ、コルホーズも大失敗だった。

適菜　これは知り合いの編集者から聞いた話ですが、『道標』（ロシア革命批判論文集）で、セルゲイ・ニコラエヴィチ・ブルガーコフ（一八七一～一九四四年）や、ニコライ・アレクサンドロヴィチ・ベルジャーエフ（一八七四～一九四八年）といったそうそうたるメンバーがロシア第一革命の反省の弁を述べていると。「血の日曜日事件」で火がついたのが一九〇五年ですよね。『道標』は一九〇九年ですから、その直後と言ってもいい。レーニンはこれを読んで激怒したそうですが、要するに、革命は人間の本性に基づいていなかったと。自分たちは理想に燃えすぎて、人間の本性をないがしろにしていたと考えるわけです。

ヨハン・ヴォルフガング・フォン・ゲーテ
ドイツの詩人、作家、自然科学者、政治家、法律家。

清水　人間の本性には、自分だけ得したいとか、豊かになりたいという気持ちがある。いくらルールがあっても、人間の欲求に勝るものはない。でも、それだけかという部分もあります。よりよい社会を築くために、自分の利欲や傲慢を制御していく必要がある。規律を乱す人たちに対しても、反対意見でも寛容であったりとか。そういうものも人間の本性の中にあるんだろうと。だから、そこに希望があると思う。

適菜　もう少し根源的な話をすれば、人間は言葉や概念で世界を解釈しています。しかし、言語化・概念化できるのは一部に過ぎない。言語化・概念化できないものは山ほどあります。ゲーテが言うように、生物は諸要素に分解できるが、諸要素から再び合成して生き返らせることはできない。生命は複合体であり、諸部分が互いに連関して、ひとつの統一体をなしている。政治も歴史も人間の生も動いているものなのに、それを静止した点の連続として捉えると間違えるということですね。歴史を弁証法的に捉えれば進歩史観になりますが、そこに大きな罠がある。これは『小林秀雄の警告』という本でも書きましたが、ゼノン（紀元前四九〇年頃～紀元前四三〇年頃）のパラドクスでは、足の速いアキレスがカメを追い越そうとしても、カメがいる場所に到達したときには、カメは少し前に進んでいる。アキレスがその場所に追いつくと、カメはさらに少し前に進んでいるので、アキレスは永遠にカメを追い越すことができない。論理的に考えればそうなるけど、現実とも常識とも一致しない。だとしたら、常識を擁護しなければならないということです。

進歩史観

適菜　共産党の失敗は、歴史や政治に科学という発想を持ち込んでしまったことにあると思います。科学が悪いのではなくて、科学という権威を悪用して「正しい歴史」を説いた。そもそも歴史段階という発想も怪しい。リップマンが「マルクスやレーニンが書いたすべてをもってしても、人類の社会的行動はなお不明瞭なままである」と皮肉を飛ばしているので、引用しておきます。「人間性に関する社会主義者の理論は快楽主義者によるものと同様に、誤った決定論の一例である。両理論とも生まれついての諸性質が、必然的にしかし賢明に一定の行動型を生み出すと仮定する。社会主義者は、そうした諸性質が一つの階級の経済利益を追求すると信じている」。これはその通りで、要するに信仰なんですよ。理性的で合理的に「正しい世の中」を作ろうとする動きは必然的に失敗します。いや、それは言い過ぎで、成功するかもしれないし、失敗するかもしれないという程度の話です。大衆は合理が大好きですが、合理的に動くとは限らない。だからと言って非合理に動くとも限らない。非合理的な判断を合理的に進めることもあるし、合理的な判断を非合理的に進めることもある。政治家の資質として重要なことは、理想と一定の距離を置いて判断することです。

清水　レーニンがロシア革命に成功したあとは、遅れた経済社会の中で、他国から攻め入られる中でやらざるを得なかった。僕はマルクスと同じ誕生日なんです。僕はマルクスが生まれた一五〇年後に生まれました。だから、僕、ひょっとしたら、マルクスの生まれ変わりなのではないかと思って、『資本論』をめくったのですが、書いた覚えがまったくなくて。

適菜　前世のことは忘れてしまうんじゃないですか。

清水　かつての中国もソ連も官僚主義、専制主義、覇権主義、全体主義です。日本共産党は、そこは謙虚です。自分たちだけが正しいと思ってないし。未来社会を作っていくのには、果てしない時間がかかると思っている。現実から逃げているといわれたら、そうかもしれないけども、やはり目の前にある安倍政権を倒すとか、過労死するまで働かせるような労働環境を改善するとか、社会保障制度をよくしていくとか、こういう運動を積み重ねていくしかない。適菜さん、僕たちももっと発信力を発揮したいと思ってるんですよ。だからＳＮＳも議員や候補者、党員が、どんどん発信しています。「維新の会のマネをしてもっと派手にやれ」と言われることもありますが、品がないので嫌ですが。

適菜　「維新の会のマネをする」と言っても、下品さで戦っても、維新の会にはかないませんよ。そもそも今、日本全体が下品のどん底に落ち込んでいるのですから、日本共産党にだけは上品でいてほしいです。安倍とか橋下とか、パンツを降ろして公道を歩いているようなものではないですか。橋下は、酔うと自分でブリーフを引き上げて「これが私の〝おいなり〟だ！」と子供たちに誇示してみせるそうです。本当に政界復帰はやめてほしい。日本共産党のいいところは、品位があることです。

選挙制度について

適菜　だから私は何度も同じことを言っているのですが、政治家にとって一番大切なものは品位なんです。政治家は政策ではなく品性で選ぶべきです。政治家を顔で選べというと反発がありますが、そこに内面性が表れる。言葉の使い方、立ち居振る舞い、食事のマナーなどに、伝統やルールに対する姿勢も見えてくる。私は、政治家には必ずしも高度な能力は必要ないと思います。常識だけあればいい。人ときちんと会話をする。義務教育レベルの知識は押さえておく。嘘をつかない。社会に害を及ぼすような行為は慎む。行儀よく食事をする。先ほどオークショットの話をしましたが、世の中には多様な人間がいて、多様な夢を語る。その調整を図るのがリーダーの役割であって、「正義」や「正しい社会」を国民に押し付けることではない。理想的で理性的で合理的な「正しい社会」を押し付けようとしたのが、共産主義の悪夢ではないですか。

清水　政治家が自分がやりたいことをやるのはいいと思うんです。そして自分の理想を語ってもいい。でも、個人的な嗜好や野望で国をデタラメなものにしてはならない。あくまで政治家は国民の代表ですから、国民が望んでいることをしなければならない。民主主義に関しても、なんでも多数決と考えると間違えます。

適菜　そうです。ソクラテス（紀元前四六九年頃～紀元前三九九年）と泥棒が二人いたら、泥棒の意見が通るのが多数決です。

清水　多数決は民主的な手続きのように見えるし、実際、そういうときもあります。でも、多様な意見や反対意見を、尊重して、検証し、集約していくのが僕は民主主義だと思います。

適菜　違います。それは本当の民主主義じゃない。揚げ足をとるつもりはありませんが、多

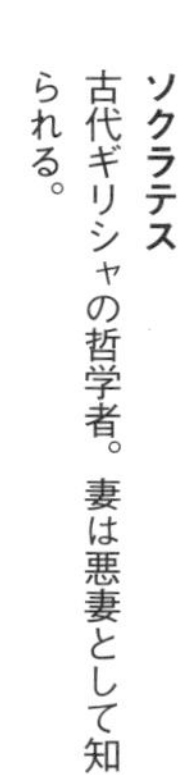

ソクラテス
古代ギリシャの哲学者。妻は悪妻として知られる。

様な意見を尊重するのは議会主義です。多様な意見をぶつけ合わせる場をつくる。それが国会です。私は選挙で求められるべきなのは、「人を見る目」だと思う。政策やマニフェストにつられるのではなく、この人は嘘をつかないだろうとか、きちんと議論ができそうだとか、最低限の教養があるとか、挨拶がきちんとできるとか、そういうことを判断する。私は理想の政治について語りませんが、あえて言うなら、常識人による政治が好ましいと思っています。たとえば町内会の会長とかは、あそこは代々このような仕事をしており、地元の防犯活動もやっていた人だとか、だいたい素性がわかるわけです。朝、家の前を掃除しているときに顔をあわせて挨拶をしたり。それで、あの人なら、そう間違ったことはしないという判断があって、じゃあ、町内会の会長をやってもらおうということになる。それが国政になると、かなり非常識な人が紛れ込むことになる。口先だけのデマゴーグに大衆は騙される。

清水　自民党は当選できない議員を救うために、参議院では定数を増やして非拘束名簿方式の特別枠を設けたわけです。自民党の自民党による自民党のための選挙区いじりです。小選挙区制は、四割の得票で、六割、七割の議席を取るわけですから、選挙制度そのものが歪められている。一票差でもね、四九万九九九九票取っても、相手が五〇万票取ったら、四九万九九九九は死に票ですからね。昔の中選挙区で三人から五人通るなら、ある程度の多様性があった。自民党も同じ選挙区から二人、三人出たから、切磋琢磨したり、政策論争もあった。どっちが地元に利益誘導できるとか、頑張ったわけです。今は小選挙区だから、公認受けたら通るでしょう。だから、ロクでもないボンクラがどんどん通ってしまう。結婚してるのに、他の女性とハワイで結婚式の写真を撮る議員とか、「違うだろお、このハゲー」とか、「LGBTは生産性がないから、税金出すな」とか。

適菜　国後島で「（ロシアと）戦争しないとどうしようもなくないですか？」と言ったり、「女を買いたい」と宿舎から外出を試みようとしたり。

清水　だから、日本の民主主義は問題を孕んでいるんです。民意もときには間違うということは認めます。

適菜　「ときには」ではありません。「ほとんどの場合」です。政治にスピードは必要ない。

私は選挙権は制限したほうがいいと思います。

清水　ははは。極端な意見が出たな。

適菜　極端ではないですよ。特に被選挙権で言えば、義務教育レベルの歴史の知識がない人間が、総理大臣をやったらまずいわけです。安倍は「憲法が権力を縛るためのものだったのは王権の時代。その考え方は古い」などと言っていましたが、完全なルーピーです。「憲法はＧＨＱの素人がつくった」とも言っていますが、問題は安倍の憲法観が素人以下であること。憲法の基本も知らない「幼児」が改憲したら国が滅びますよ。やはり、義務教育レベルの知識がない人間や社会的に問題がある集団に属する人間は、政治家になってはいけないと思います。すでに述べたように、大阪「都構想」の住民投票だって、市議会の議論を完全に無視して、むりやり住民投票に持ち込んだものでしょう。私は民意を全否定しているわけではありませんが、今のような状況で、維新の会が「教育費を五倍にした」などとテレビＣＭでデマを流せば、「橋下さんは大阪を変えてくれる」と思って、投票してしまうんです。知識がない人はデマに流されます。地域共同体の意見を政治に反映させることは大切ですが、現在のように中間組織が解体され、個人と権力が直結している状況の中で、民意を礼賛すれば、二〇世紀の悲劇の繰り返しになります。

清水　その危険性は僕も同意しますが、ではどうするか。選挙権を制限するといっても判断基準が難しい。学歴で峻別するのはおかしいですし。

適菜　だから本当に最低レベルの制限があればいいんですよ。立法府と行政府の区別もつかないような総理大臣だったり、「ナチスの手口に学べ」という財務大臣だったり、「歯舞」も読めないような北方担当大臣というのはやはりまずい。被選挙権だけではなくて、選挙権もある程度のハードルがあったほうがいい。元フジテレビアナウンサーの長谷川豊が、維新の会から二〇一七年に出馬しましたが、「自業自得の人工透析患者なんて、全員実費負担にさせよ！　無理だと泣くならそのまま殺せ！」「マホメット？　ただの性欲の強すぎる乱暴者です」「いま世界で起きてる戦争、ほとんどイスラム系でしょ？　一番、暴力的な人間が教祖様のところでしょ？」「小学校時代から死刑執行シーンはみんなに見せた方がいい」「できればネットで生中継した方がいい」とか言っている社会のダニですよ。もちろん、最下位で落選しましたが、それでも千葉一区で一万五〇一四票を取っている。発言を知らなかったから投票したという言い逃れが成立すると思うなら、やはり選挙制度自体を考えなければいけません。こういうことを言うと、上から目線だとか言う人もいますが、認知症になったら運転免許はとりあげるでしょう。維新の会は前科のある人が異常に多い。少なくとも、反社会的な人間は政治の世界からは遠ざけるべきです。

清水　明確な争点があれば、ある程度、人気投票的なものは避けられる。たとえば新潟県の知事選挙で柏崎刈羽原発が争点になった。沖縄県知事選では米軍普天間基地の問題です。そういうイシューが明確であれば、わかりやすいと思うんです。

適菜　ただ、国政選挙ではシングルイシューになりません。やはり、政治家の品性を見ていくしかないと思うのです。

［第四章］

自衛隊と日米安保

改憲について

適菜 日本共産党はどのような政治が理想だと思っているんですか。哲人政治ですか？

清水 違います。人間は弱点もありますし、共産党だって人間の集まりですからね、完璧ではないし、間違いを犯す危険だってある。ただ、少なくとも、嘘やごまかしは許さない。最低でも憲法は守る。国民の要求によって憲法を変える場合でも、公正な手続きを取るべきだと。安保法制のときのように閣議決定で憲法の解釈を変えて、憲法違反の法律を通すのは言語道断です。

適菜 おっしゃるとおりです。だから、たとえ面倒でも国会からバカを追放する努力は続けなければならない。もっと大事なことは、国民がやりたくないことはやらないということです。余計なことをやる政治家より、なにもやらないで税金でムダ飯を食っている政治家のほうがはるかにマシです。安倍がゴルフばかりやっていることを批判する人もいますが、税金を何億円使っても構わないから、一生ゴルフだけやっていてほしい。

清水 ははは。

適菜 でも手遅れというか、日本は安保法制のときに、完全に底が抜けたんですよ。集団的自衛権とは、「ある国家が武力攻撃を受けた場合に直接に攻撃を受けていない第三国が協力して共同で防衛を行う権利」です。普通に憲法を読めば法案を通すことができないのは明らかです。ほとんどの憲法学者が「違憲」と明言し、集団的自衛権の行使は「従来の政府見解の基本的な論理の枠内では説明がつかない」と指摘しましたが当然です。仮に憲法との整合性の問題がクリアできたとしても、集団的自衛権の行使がわが国の国益につながるかどうかはまた別の問題です。国益につながるなら、議論を継続し、正当な手続きを経た上で、法案を通せばいいだけの話。ところが安倍は、お仲間を集めて有識者懇談会をつくり、そこで集団的自衛権を行使できるようにお膳立てをしてもらってから閣議決定し、「憲法解釈の基本的論理は全く変わっていない」「アメリカの戦争に巻き込まれることは絶対にない」「自衛隊のリスクが下がる」などとデマを流し、法制局長官の首をすげ替え、アメリカで勝手に約束してきて、最後に国会に諮り、強行採決した。仕舞いには首相補佐官の礒崎陽輔が、「法的安定性は関係ない」と言いだした。この発言で明らかになったのは、セーフティーネットで管理しながらも、建前では近代国家の体裁を整えてきたものを、かなぐり捨ててしまったということです。国家には本音と建て前を使い分けている部分がありますが、「法的安定性はどうでもいい」と言ったらお終いです。

清水　そのとおりです。

適菜　安倍は「日本の存立が脅かされ、国民の生命や権利が根底から覆される明白な危険」

が「ない」と判断できない場合に、集団的自衛権の行使に踏み切る可能性に言及しました。明白な危険が「ある」場合、つまり「存立危機事態」に武力行使できるという話をひっくり返してしまっている。「ない」ことなど判断できないので、やりたい放題やるということです。つまり、あの時点でわが国は終わっていたのですね。

清水　あのとき、中谷元防衛大臣も、いかに憲法を安保法制に適合させていくかと言った。逆ちゃうのって。

適菜　ほとんどコントですよ。門番を雇ったから門を造るみたいな。すべて順番が逆なんです。仮に集団的自衛権が必要であったとしても、国を運営する手続きを歪めてしまったら、大変なことになる。集団的自衛権の行使が必要かどうかという話と、現行憲法に照らし合わせて合憲といえるかどうかはまったく別の話なのに、産経新聞をはじめとするバカ保守は、それを理解できないわけですね。私も平常時だと日本共産党は敵に回していたと思いますが、今は異常時です。明らかな異常事態が国の中枢で発生しているのに、メディアもきちんとモノを言わないし、異常事態が連発することにより、それがまかり通るようになっている。だから面倒だけど、批判を続けています。

清水　安倍政権の手口は、数の力で悪法を強行します。あきらめさせるためです。そして次から次へと悪法を強行して国民の目先を変え、忘れさせようとします。さらに言えば、安倍政権を批判する人たちと自分たちの支持者を分断させます。だからこそ、国民は決してあきらめない、忘れない、団結するという視点が大事なんだと思うんです。野党がバラバラでは勝てません。立憲主義を取り戻すためには、野党は政策的な違いがあったとしても、それを乗り越えて共闘しないと。

適菜　二〇一七年の衆院選では野党候補の一本化のために、日本共産党は八三選挙区で候補者を擁立しない方針を決めた。結局、野党共闘に真剣だったのは共産党だけでしたね。安保法制騒動のときは、安倍のやってることはクーデターだと言っていた東大の憲法学者もいました。

清水　クーデターですよ。

適菜　だとしたらですね、錦の御旗をかかげて、安倍一味を討伐するというのはどうですか。

清水　暴力的に。賊を討てと。

適菜　あえて、言っているんですけどね。それでもクーデターを阻止する側に、国家としての正統性はあります。

清水　選挙前に希望の党とまるごと合流した、当時民進党の代表だった前原誠司氏みたいな人間と一緒にやっていけるのかはわからないし、京都の知事選挙も、立憲民主党が本気を出してたら、変わっていた。沖縄選挙でも枝野氏が「イデオロギーにはまりすぎず、アイデンティティの範囲で応援する」って。わけがわからない。米軍基地をどうするのかという単純な話でしょう。それを最初から逃げ道をつくるようなことを言う。でも、僕たち日本共産党は、踏み切った。清水（きよみず）の舞台から飛び降りたか、飛び上がったかしらんけど、怖いものはないんですよ。ウエルカムですよ。ブレたとか、変節したと批判されますが、ブレないからこそ、できるんですよ。

適菜　私は今は憲法改正に反対しているんです。清水さんはご存じだと思いますけど。

清水　よく知ってます。憲法改正には賛成だけど、今の安倍の改憲案には反対している。たしかに憲法を守らない人に憲法を触らせるのは危険です。秘密保護法は知る権利を阻害するものです。盗聴法は二一条の通信の秘密も犯しますし。共謀罪も国連の人権委員会から指摘されているにもかかわらず押し通した。安保法制のときも、内閣法制局で認めてこなかった集団的自衛権を解釈だけで変えてしまった。もっといえば、憲法五三条の規定で臨時国会を開かなければならないのも、ないがしろにするわけです。憲法破りの常習犯に憲法を触らせるのは、今の憲法がいいか悪いか以前の議論です。

適菜　そのとおりです。安倍の改憲は論外です。改正するならまだしも改悪するなら意味がない。ただ憲法を変えればいいというのは、幼稚な改革幻想、根拠のないオプティミズムです。左翼は憲法を変えないと言っている限り、大きな害はない。現状維持ですから。問題は変えると言っている連中の、憲法観、国家観、歴史観がデタラメなことです。

清水 だから、改憲派も護憲派も、政治的立場やイデオロギーを抜きにして、安倍の下での改憲はダメやというのが、日本人として譲ったらあかんとこやと思います。国民的議論や合意があって、憲法をどうしても変えてほしいという声が上がったなら改憲すればいい。憲法九九条には、国会議員、国務大臣の、憲法尊重義務があります。国民の要望がないのに、政権側が「俺たちの理想の憲法をつくる」と言うのはおかしい。

適菜 状況にあわせて憲法を都合よく解釈し、国の根幹の問題を考えるのを避けてきたツケがまわってきたということです。

自衛隊をどうするのか?

適菜 先ほど清水さんがおっしゃった自衛隊容認は、党の方針ですか?

清水 自衛隊は憲法違反です。この認識は変わってません。憲法と矛盾してます。ただ、自衛隊を今すぐなくせばいいかというとそうではない。歴史的経緯もあるし、国民の多くは自衛隊の存在を認めています。では、現実に合わせるために、憲法を変えるのかというたら、私たちはそうではなくて、時間はかかるかもしれないけれども、憲法に合わせていくというような態度です。

適菜　それはおかしくないですか？

清水　警察予備隊ができたのは、朝鮮戦争が契機です。ダグラス・マッカーサー（一八八〇〜一九六四年）が作れと。その朝鮮戦争のときに、安保条約もできるわけです。もともと侵略戦争を起こした日本には軍備を持たせないと決めたアメリカが、今度は逆に再軍備させた。でも、今の朝鮮半島は、文在寅と金正恩が首脳会談をやって経済圏をつくるという話になってきている。そうなると北朝鮮の脅威を盾に、米軍基地にカネを費やすのはどうかと思う。日本共産党は、安保条約と自衛隊は別ものだと思ってるんですよ。安保条約を破棄したからといって、自衛隊をなくすのではありません。しかし、未来永劫世界で紛争が続くのか、誰かが攻めてくるかもしれないと軍隊を持たなければならないか。今から一〇〇年くらい前は、植民地支配も奴隷制も認められていたわけで、社会は発展していくんです。

適菜　植民地支配も奴隷制も形態が変わって目につきにくくなっただけですよ。それに憲法を普通に読めば自衛隊の存在が違憲であることは小学生でもわかります。だから、現実問題として二択しかないんですよ。憲法を変えるか、自衛隊をなくすかです。それをやらないのは欺瞞です。普通に考えたら、憲法を変えるしかない。安倍は九条の一項、二項を維持したまま、三項を加えて自衛隊を憲法に明記するなどと言い出しましたが、頭がおかしいとしか

ダグラス・マッカーサー
アメリカの軍人、陸軍元帥。連合国軍最高司令官、国連軍司令官を務めた。

言い様がない。欺瞞に欺瞞を重ねるからおかしくなるのです。手続きは面倒ですが、自衛隊は日本軍にすべきです。そして、アメリカの戦争には関わらないと言えばいい。

清水 日本には思い出さないといけない戦争の経験があります。軍隊を持たないという憲法の初心は、当時の人たちの実感から出てきたものだと思うんです。アメリカから押しつけられたという議論もありますが、それに先立って、日本の憲法学者が考えていた。そうでないと、いくらアメリカ側が提案したからといって、簡単に通るものではありません。幣原喜重郎（一八七二〜一九五一年）が憲法九条をマッカーサーに提案したという資料も国会図書館から出てきました。僕は九条はかけがえのないものだと思います。アメリカが警察予備隊を作ったときにはピストルしか使えないということになっていた。これが保安隊になって、自衛隊になって、今は核保有国を除けば最大の軍隊になったわけですよ。憲法九条があるにもかかわらず、「自衛隊は最低限の実力組織です」と言ってきたのは自民党政権です。本来ならば、警察予備隊を作るときに憲法を変えなければダメだった。そうしないと作れないはずなのに欺瞞を続けてきた。

適菜　そうですね。ただ、私が話しているのは自衛のための軍隊のことです。侵略するための軍隊は必要ないし、そもそも侵略する必要もない。しかし、自衛のための軍隊は必要です。当たり前の話ですが。

清水　軍隊をなくしていくのは時間がかかります。適菜さんは憲法を変えるか、自衛隊をなくすか、どちらかしかないと言いますが、僕は時間がかかっていいと思うんですよ。この矛盾はある程度時間がかかったとしても、憲法に合わせていくように努力していくべきだというロマンを僕たちは持っています。そのためには、国民的合意も必要だし、北東アジアの情勢、北朝鮮や中国の海洋進出の問題、尖閣諸島の問題を考えなければならない。今の状況で、それができるとは思っていません。市民と野党の共闘でつくる国民連合政府では、自衛隊と安保は容認という立場です。

適菜　夢を大事にしたいという気持ちはよくわかりますが、夢と現実は違います。詩人や小説家、思想家が夢を語るのはなんの問題もない。しかし、政治家が扱うのは現実です。そこを突き詰めないとアジア諸国からも信用されないと思います。将来は平和になっていくだろうから、現在の矛盾はそのまま放置しておいてもかまわないという発想がよくわからない。

清水　適菜さんの指摘はわかります。これを言うと余計にごまかしたり、煙に巻いてるように思われるかもしれませんが、安倍政権の下で九条を守ろうという人たちは、ほとんど自衛隊の存在意義について議論しているわけではないんですよ。九条を守ることと自衛隊があることに矛盾を感じていない人たちが圧倒的なんです。安倍が自分の思惑の通りに、自分の理想通りに、軍国主義的な感じで変えていこうというのは許されない。でも、自衛隊員の人たちが、誇りを持って、活動できなくてもいいのかという安倍の脅しに屈して自衛隊を憲法に明記して、「軍隊として認めましょう」とは国民はならないと思うんです。

適菜　安倍の言っていることが支離滅裂だからこういう面倒な議論になるのです。そもそも、九条の三項加憲が、自衛隊の誇りになるわけがないでしょう。第二項で「戦力の不保持」を謳っているわけですから。要するに、法的にわけのわからない立場のままアメリカの戦争に巻き込まれるということです。軍としての立場を明確にしないと危険だとこれまで改憲派は言ってきた。だから石破茂が安倍の改憲を批判するのは当然です。まともに改憲について考えてきた人間からしたら安倍の改憲は論外です。

清水　筋としては石破氏の言う通りです。九条二項は削除しないと話が通らない。集団的自衛権を認めてしまったわけですから、九条の一項、二項とも矛盾している。われわれは立場が違いますが、安倍のような姑息なやり方に比べれば、普通のやり方です。安倍がひどいのは、自分の仲間内でぶち上げるでしょう。身内のメディアの懇話会などで発表して、反応を見て、既成事実を積み上げていく。それで総裁選に勝てば「信を得た」と言って国民に押しつけてくる。国民が安倍に投票したわけでもないのに。

適菜　いろいろねじれていますね。普通の改憲派である石破を、改憲反対と言っている人たちが安倍よりはマシだという理由で支持せざるを得ない一方で、九条の矛盾を固定化しようとしている安倍を支持する「改憲派」もいるわけですから。

清水　そもそも、緊急事態に酒を飲んでいるような赤坂自民亭に緊急事態条項を唱える資格なんてないんですよ。

アメリカにどう向き合うのか

適菜　翁長雄志（一九五〇～二〇一八年）は保守的な政治家だったから、沖縄を守ろうとしました。だから、オール沖縄という話につながった。要するにナショナリズムが機能したわけです。しかし、日本全体を見れば、ナショナリズムは壊滅状態です。だから、駐留軍は出ていけという話にはならない。なんだかんだ言って、多くの日本人はアメリカの属国でいたい。独立なんてしたくないんです。これが本音ですよ。アメリカは沖縄の負担を減らそうとしてきました。バラク・オバマも海兵隊を沖縄からグアムへ移転しようとしていたのに、米軍駐留を頼み込んだのは日本側じゃないですか。社会学者の宮台真司さんも指摘していましたが、当初は普天間飛行場の全面返還という話だけだったのに、それがなぜか辺野古移設が前提という話にすり替わった。要するに、奴隷が、ご主人様に「支配してください」とお願いしたわけです。吐き気がする。

清水 ひどい話です。

適菜 そこで、私が清水さんに聞きたいのは、日本共産党はアメリカにどう向き合うのかです。安倍が解釈変更で集団的自衛権を押し通したのは、アメリカの戦争に加担するためでしょう。安倍は「再び戦争をする国になることは断じてありえない」などとごまかしていましたが、安保法制懇のメンバーで、安倍の外交政策ブレーンの岡崎久彦（一九三〇～二〇一四年）が、テレビ番組で「自衛隊は戦争する軍隊になりますよ」と梯子を外していたのには笑いましたが。三島由紀夫（一九二五～七〇年）は安易な改憲により、アメリカの軍隊の下請けになることを危惧していました。「三島帰郷兵に26の質問」という文章で、「むしろ私が一番疑問に思うのは、万一いま大戦争が起ったら自衛隊全部がアメリカの指揮下にはいるのではないかという危惧です。この問題については隊内のいろんな人たちとも話し合いました。私の考えはこ

三島由紀夫
小説家、劇作家、評論家。自衛隊市ヶ谷駐屯地にて割腹自殺。

うです。政府がなすべきもっとも重要なことは、単なる安保体制の堅持、安保条約の自然延長などではない。集団保障体制下におけるアメリカの防衛力と、日本の自衛隊の独立的な価値を、はっきりわけてＰＲすることである」と述べてます。湾岸戦争のときに、日本人はカネを出したが血を流さなかったと国際社会から批判されたからどうたらこうたらと、海外派兵を正当化しようとする物言いがこの三〇年蔓延ってきましたが、軍隊としての法的立場を明確にするという話と、アメリカの戦争にコミットするという話はまったく別です。アメリカの下請けになりたくなければ、独立路線をとり、重武装化しなければならないのは当たり前の話ですが、そういう議論から左翼は逃げようとしますよね。「九条を変えたら戦争になる」といったところで思考停止し、具体的に日本をどう守るのかという話が出てこない。「外交努力が必要だ」とか。だから、信用されないんです。私は改憲し軍事力は増強すべきだと思っています。そしてアメリカの戦争には加担すべきではない。国益につながるならアメリカとでも組めばいいけど、属国として下請けとして、アメリカの戦争に無批判に追従するなら、そんな国に未来はない。日本人のムダな血が流れるだけです。

清水　アメリカに対してモノが言えないなら、右翼を名乗るなと言いたい。嫌韓だろうが嫌中だろうがかまわないけど、日本を守るとかお題目を唱えるだけで、対米従属の続いている日本の現状を放置しているなら、黙っていろと言いたいですね。基地の問題も戦争に負けたからしゃあないという人がいますが、イタリアもドイツも敗戦国ですよ。イタリアにもドイツにも米軍基地はありますが、全部、国の指揮下に入ってます。だから、日本のように、国内法が適用されないとか、早朝・夜間の訓練をやるとか、学校すれすれに通って窓枠を落とすとかありえない。京都府の京丹後市にXバンドレーダーを設置して、一〇〇〇キロメートル先の野球ボールを確認するくらいのすごい電磁波を当てているわけです。これは、北朝鮮からハワイやグアムに飛んでいくミサイルを捉えるためのレーダーですが、経ヶ岬で交通事故があって、ドクターヘリが飛んだんですよ。そのときに、ヘリの計器が強い電磁波を当てられると狂うかもしれないと基地に停波要請をしたのですが、米軍は止めなかった。だからヘリはやむなく遠回りをするしかなかった。同じ敗戦国であっても扱いが違うんです。

適菜　そもそも、飛行機のルートも、アメリカが決めているわけですよね。

清水　そうです。航空法が適用されない。一番高い建物から一五〇メートル以上離れなければならないという航空法を無視している。米軍は基地に逃げ込めば現行犯逮捕されません。飲酒運転でひき逃げしても、公務だと言えば、許される。戦後、米軍が全国で起こした犯罪は一〇万件を超えています。それにより死んだ日本人は一〇〇〇人を超える。だから、日本を守るのではなく、日本人の生命と安全を脅かしてるのが米軍ちゃうんかと。じゃあ、自分は愛国者だとか、反日は嫌いだとか、日本が好きだと言っている連中が、なにかきちんとモノを言ったのかと。

適菜　自称愛国者が、沖縄を蔑視し、自分たちの住んでいる地域を守ろうとしている人たちを反日呼ばわりする。気がふれているとしか思えません。日本共産党の綱領にはこうあります。「わが国は、高度に発達した資本主義国でありながら、国土や軍事などの重要な部分をアメリカに握られた事実上の従属国となっている」「日本とアメリカとの関係は、対等・平等の同盟関係では決してない。日本の現状は、発達した資本主義諸国のあいだではもちろん、植民地支配が過去のものとなった今日の世界の国際関係の中で、きわめて異常な国家的な対米従属の状態にある。アメリカの対日支配は、明らかに、アメリカの世界戦略とアメリカ独占資本主義の利益のために、日本の主権と独立を踏みにじる帝国主義的な性格のものである」「国内的には、大企業・財界が、アメリカの対日支配と結びついて、日本と国民を支配する中心勢力の地位を占めている」。これは正しいですよ。

主権という概念

適菜　移民政策反対と排外主義はまったく違います。排外主義が人種差別や根拠が脆弱な民族主義に基づくものであるのに対し、移民政策反対は、雇用問題や治安問題、安全保障問題などを含めて、危険性が明確であることから導き出された結論です。言葉の壁や文化の摩擦が生じ、皇室への尊敬の念や国柄自体が変質していく。

清水　だから、アメリカに対してもはっきり「米軍基地、出ていけ」と言うのが本当の愛国者だと思うんです。ＴＰＰで日本の農業の関税を撤廃してアメリカの農作物を輸入しろとか、自動車に関税をかけるぞと言われても黙っている。一九九〇年代後半には六三〇兆円の公共事業を押しつけられたこともあります。日本は独立国ということになっていますが、経済や軍事の重要な部分の首根っこを押さえられている。

適菜　むしろ進んで属国になっている。トランプや米国防長官のジェームズ・マティスが横田基地から入国しようが、文句のひとつも言わない。日米地位協定も放置したままです。

清水　パスポートもいらない。

適菜　主権という概念がないんですよ。こういう非常識なことが横行しているのに、メディアもバカウヨも騒がない。先ほども言ったように、日本人は独立なんてしたくないんです。奴隷のトップが奴隷を管理している奴隷の国です。アメリカの五一番目の州になってもかまわないと本音では思っている。丸山和也という自民党の議員が「日本が米国の五一番目の州になれば、『日本州』出身者が大統領になる可能性が出てくる。世界の中心で行動できる日本になりうる」と言いましたが、こういう人間のクズが政権周辺を固めているわけです。

清水　適菜さんは先ほど軍備増強とおっしゃったけど、安倍政権の軍事費は右肩上がりです。二〇一九年度の概算要求で五兆三〇〇〇億円。計上できないものを含めたら、五兆五〇〇〇億円で過去最高です。購入する武器も、オスプレイのようなアメリカではお払い箱になってる欠陥ヘリコプターだったり。イージスミサイルというミサイルを撃ち落とす技術も日進月歩ですから、相手だって、探知されないミサイルを開発するわけでね。そういうことに何千億円もカネを使うということが、果たして妥当なのか。これは財務省も難色を示しましたが、無人偵察機、グローバルホーク。日本は交戦権がないので、外国の領海で無人偵察機は飛ばせませんよ。日本の航空域でしか飛ばせないのだから、有人だろうが無人だろうが同じです。それを大金で買う。そういうこともばかげています。

適菜　ムダなカネを払い続けているのも対米隷属の結果でしょう。

ジョン・フォスター・ダレス
アメリカ合衆国の政治家。日米安全保障条約の「生みの親」とされる。

日米安保は必要か？

清水 憲法を解釈して集団的自衛権を使えるようにするのは卑怯です。既成事実をつくって国民を黙らせるのが安倍政権のやり方です。安倍の改憲を阻止するという点においても、憲法九条は役立っていると思います。

適菜 それはそのとおりです。安倍が改憲したら国が壊れます。そういう意味では、改憲派は教条的な護憲派とも組むべきだと思います。

清水 僕は日米安保がある限り日本の主権は回復できないと思う。何をもって自主独立かといったら、僕は日米安保の廃棄だと思うんです。日米安保条約第六条には、日本全土にアメリカが望むだけ、基地を置くことができるという条項もあります。

適菜 安保条約に関わった元国務長官のジョン・フォスター・ダレス（一八八八〜一九五九年）は、「日米同盟によってアメリカが得る利益は、日本のどこにでも、どれだけでも、いつまででも基地を置く権利を手にすることだ」と言っていたそうです。そこをウラジーミル・プーチンにツッコまれているわけですが……。

清水　これが不平等な日米地位協定の根拠にもなっている。「日米地位協定を見直せ」と日本政府は一度も言ったことがありません。米軍機の事故や米兵による犯罪が発生したとき、必ず日米地位協定が俎上に上りますが、政府が抗議をすることはない。今の社会は昔に比べるといい社会だと思います。日本に生まれてよかったと思うし、日本も好きです。愛国心も持っています。でも、行き過ぎた対米従属と財界中心という二つを正していかなければならない。そしてそれは日米安保条約をなくしていくということです。でも、これは野党全体の共通項目にならないんですよ。そんなことを言っているのは日本共産党だけですから。軍備増強を言う人に問いたいのは、どこの国が脅威ですかと。

適菜　それは、攻められなければわからないですよ。

清水　攻められなければわからない脅威のために、見えない相手のために、軍備を増強すると。

適菜　当たり前です。

清水　国民生活が犠牲になってもということですか？

適菜 国民生活と軍備を対立させて考えるほうがおかしくないですか。生活も国防も大事でしょう。

清水 沖縄で世論調査をすると、安保条約の廃棄を求める県民のほうが多いんです。本土は、そうなってない。沖縄は基地問題があるからです。この先、「アメリカのいいなりでいいのか？」ということが、全国民的に問われていく時代になってくると思っています。日米安保を解消するのに、アメリカの合意はいらないんですよ。第一〇条に廃棄条項があって、「どちらか締結国一方が廃棄を通告すれば、同意なしに一年後に、自動的に失効する」とあります。だから、日米安保廃棄をやるという政権ができれば、自主独立路線はできると思う。

適菜 おっしゃる通りですが、多くの日本人はそう思っていないということについて聞きたいんです。つまり、戦後七〇年以上たっているのに、独立国家の体裁になっていないのは、もちろん様々な要因があるけど、何度も言うように、国民の多くが自主独立したくないと思っているからです。アメリカの属国になりたいと思ってるのではないですかという質問です。

清水 うーん。支配されていることを意識していない人が圧倒的に多いんじゃないですか。望む、望まないというより。そうしたことの構造的な問題を知れば、「変えたほうがいい」という意識が芽生える人がいるかもしれませんが、学校では日米安保の詳細や日米地位協定について具体的に教えませんよね。

適菜　だから、教育任せではダメなんです。それを含めて戦後なわけですから。左翼は安易にナショナリズムを批判しますが、日本共産党は健全なナショナリズムに訴える努力をもっとすべきです。

清水　安倍政権は北朝鮮脅威論や中国脅威論を煽り、安保法制を強行し、日米軍事同盟を基軸として軍備増強をやっているわけです。

適菜　近隣諸国の脅威を理由にしてナショナリズムを煽るのは、どこの国もやってますが、アメリカに矛先が向かわないのは、自主独立を最初から放棄しているからです。

清水　中国が尖閣諸島を侵略すると言う人がいますが、本当に島を取り合うために全面戦争をするメリットがどこにあるのかわからない。今、日本にとって最大の貿易国は中国ですよ。中国だってジャパンマネーがないと成り立たない。企業も支社や支店を置いて、人的交流を盛んにやっている。岸田文雄が外務大臣のときに日本共産党の大門実紀史が「中国は脅威か？」と聞いたら、「中国は脅威ではありません」と答弁しています。中国が尖閣諸島に公海侵犯したり、南沙諸島に海洋基地を作ろうとしたりするのは、絶対に許せない。でも、中国脅威論を前提にアメリカの軍事力が必要だということに、はたしてなるのだろうか。

適菜　そうですね。

清水　自衛隊（の前身の警察予備隊）ができたのは一九五〇年です。日米安保条約ができたのは五一年。これは朝鮮戦争が始まったときです。アメリカのウィリアム・J・ペリー元国防長官が、北朝鮮の脅威がなくなれば、米軍基地や安保条約の根拠はなくなると述べている通り、朝鮮半島の和平の進展のために努力することが、日本政府にも求められていると思います。

適菜 米軍基地が日本にあるのは、アメリカにメリットがあるからです。理由はそれだけです。メリットがなくなれば、日本政府が駐留をお願いし続けても出ていくでしょう。

清水 核兵器を廃棄する北朝鮮の具体的プロセスが見えないとか、北朝鮮は時間稼ぎをして核開発をやるつもりだとか言う人もいる。でもトランプと金正恩の首脳会談もあった。これまでのように高官レベルのものではないので、そう簡単に後戻りはできない。板門店の平和の家で一一年ぶりに首脳会談をやったときに時計が一つあった。北朝鮮の標準時計と韓国の標準時計。二国には時差があった。それで金正恩が「同じ国なのに心が痛い」と、北朝鮮の標準時刻を韓国に合わせた。それを受けて、韓国は三八度線、軍事境界線でやってた宣伝放送をやめた。

適菜 それまでは北朝鮮に向けて韓国の歌謡曲を流していました。

清水 「おーい。おまえら、食べるもん、あるかあ。こっちは毎日、焼き肉食べとるぞ」と。あの宣伝放送も中止した。米韓軍事演習も無期限で停止し、北朝鮮は米兵の遺骨を返し、拘束してたアメリカ国籍の三人を帰した。北朝鮮は彼らの言い分では核兵器の施設を破壊し、韓国は六一万人の軍人を五〇万人に減らす計画を発表した。南北をつなぐ鉄道や道路により、経済圏を作っていこうというムードが発生しているときに、日本はどう向き合っていくかが問われています。

軍隊はなくなる？

適菜　清水さんや日本共産党の考えは、最終的には軍隊はなくなったほうがいいと？

清水　究極ですね。これは、適菜さんのいう長期的なスパンの話に近くて、五〇〇年、一〇〇〇年の話かもしれない。

適菜　軍隊は必ずなくなります。その前に人類が滅びますから。

清水　いや、違う。逆なんです。僕は今の資本主義で人類は終わりとは思ってなくて、地球環境の保全や格差の問題を解決していくためには今の資本主義を乗り越えていくことが大切だと思う。国同士がいがみ合うのをなくすのは、それこそ長い時間がかかります。でも、僕は人類は発展していくと思っているので、国同士が争うための軍隊はなくなっていくと。

適菜　それはかなり疑問ですね。そうなればより巨大な権力機構が発生するだけです。それこそ世界政府という究極のディストピアです。過去を振り返ってみても、人間の精神が進化するなんて明らかな嘘でしょう。コンスタンティヌス帝（二七〇年代～三三七年）が、三一三年にミラノ勅令を出して、ローマ帝国におけるキリスト教を公認しましたが、その後のキリスト教の国教化により、人類の知的伝統が破壊されるわけです。世界最高の知性を集結したアレクサンドリア図書館もキリスト教徒に焼き討ちにされた。古代ローマには高度な技術がありましたが、キリスト教の拡大により、人類は暗黒の時代を迎えることになる。ルネサンスにおいてイスラム経由で古代の知が見直されるようになりましたが、結局、近代啓蒙思想により、再び人類は闇の世界に落ち込んでいったわけです。人間の精神が進化しているなら、安倍なんか支持されるわけがないじゃないですか。社会が病んでいれば、人間は加速度的に劣化していく。

清水　でも、昔は封建制で、不作のときにも年貢を強要され、娘を売らなきゃならないというような苦労にさいなまれてた。それが崩壊した。戦前は女性の選挙権はなかったですよ。立候補する権利もなかった。

適菜　それを言うなら、まさに近代資本主義と近代国家システムの話になる。近代国家は国民が平等であるという、唯一神教に由来する幻想により成立しているわけですから。前近代を崩壊させたのは、ネイション・ステイトという概念と総力戦ですよ。

清水　家父長制も絶対主義天皇制も変化してきている。支配する側も巧みに手を変え、品を替え、やってきている。そういう点では、教育とメディアが支配する側の権力を維持しようとしている。だから、主権者教育も含めて、きちんとモノを見るようにしていけば、希望は生まれると思うんです。今の貨幣制度だって、昔は物々交換していたわけです。それで、生きてるヤギを連れていったら途中で死んでしまったり。そのうち、金と銀で交換するようになったり、今は電子マネーもありますが、貨幣制度を、未来永劫、維持・継続できるのかと。これは五〇年、一〇〇年のスパンちゃいますよ。五〇〇年、一〇〇〇年の考えですけれども。

適菜　もちろん長いスパンで考えなければなりませんが、政治家は同時に今現在を考えないといけない。だいたいあと一〇〇〇年も人間は持たないですよ。理論物理学者のスティーヴン・ホーキング博士（一九四二～二〇一八年）は、「人類に残された時間はあと一〇〇年」と繰り返し言っていましたが。

［第五章］

日本を滅ぼした安倍政権

皇室について

清水　僕が入党したとき、日本共産党は天皇制廃止を唱えていました。党の政策として君主制を廃止すると。

適菜　今でも、民主共和制の実現をはかるべきだと言っていますよね。

清水　でも、今の日本がおかしいのは天皇制があるからではないと認めた。たしかに戦前は天皇に絶対的な権威があったので、いろいろな矛盾が発生したけど、今は違う。オスプレイが飛ぶのも、消費税が上がるのも天皇制のせいではない。今の天皇は国権に関する権能を有さない。政治的な影響力はありません。エリザベス女王は施政方針演説をやったり、緊急時の首班指名ができるから政治的権力はありますが、日本は象徴天皇です。天皇制のもとであっても、世の中をよくすることはできるという日本共産党の認識の発展があった。だから、憲法も天皇条項を含めて、全部守ると。国会の開会式にも出ると。これはある意味での踏み込みでした。

適菜　一方、皇室に対して一貫して不敬な態度を取り続けているのが安倍政権です。二〇一六年八月に、天皇陛下（今の上皇）が「お気持ち」を表明されると、官邸は、宮内庁長官の首をすげ替えた。明らかな嫌がらせです。しかも安倍は被災者の方々に寄り添う天皇陛下のものまねをして、茶化してみせた。これは亀井静香が明らかにしていますが、安倍の皇室に対する憎しみは普通ではないですね。橋下もかつては大統領制を唱えていた。安倍と橋下維新が組んで改憲すれば、皇室が潰される可能性がある。だから日本共産党は「皇室護持」を打ち出したほうがいい。それとこれまでの皇室に対する態度を、党として一度きちんと謝罪したほうがいいのではないですか?

清水 実はそういうつもりはありません。

適菜 ははは。

清水 それでも、天皇陛下の出席する開会式にも出ますし。さすがに園遊会には行ったことはないですけども。東日本大震災のときに、天皇が被災地を慰問したことについては、党のトップが「非常に共感します」とコメントを出している。今の天皇（上皇）は平和主義者です。だから、安倍は天皇を毛嫌いしている。天皇は、沖縄や平和の問題についても、政治的枠組を超えないところで、最大限の努力をされていると思う。そこは僕もお慕いしているところがあります。民主党政権のときに、小沢一郎氏が習近平と天皇を無理矢理会わせたでしょう。僕ら、天皇の政治利用だと批判したんですよ。

適菜 私も雑誌の記事で批判しました。小沢は天皇陛下を完全に子分扱いです。小沢は「天皇陛下ご自身に、オレ、聞いてみたら必ず『それは手違いで遅れたかもしれないけれども会いましょう』と、私は天皇陛下は必ずそうおっしゃると思うよ。わかった？」と発言。慣例を破る形で天皇陛下と習近平が会談することについては、「内閣が判断したことについて、陛下がその意を受けて行動なさるのは当然のことだ」と。この直前に、小沢は崔天凱駐日中国大使と会い「何とかして習副主席が天皇陛下と会えるようにしてほしい」との要請を受けています。宮内庁は天皇陛下の体調不良を理由に会談を断りますが、民主党政権は強行。これに対し、宮内庁長官の羽毛田信吾が「陛下に心苦しい思いでお願いした。二度とこういうことがあってはならない」と皇室の政治的利用に懸念を示すと、小沢は「何とかという宮内庁の役人がどうだこうだ言ったそうだけれども、まったく日本国憲法、民主主義というものを理解していない人間の発言としか思えない」「天皇陛下のお体がすぐれないと、体調がすぐれないというのならば、それよりも優位性の低い行事を、お休みになればいいことじゃないですか。そうでしょ、わかった？」と恫喝した。「天皇がオレの命令に従うのは当然だ」というわけです。

清水　あれはやってはいけなかった。

適菜　左翼の一部が「安倍は戦前回帰を目指す天皇原理主義者だ」と言ってましたが、バカにも限度がある。安倍や小沢、橋下、石原慎太郎といった連中から、われわれ日本人は皇室を守らなければなりません。

少子化担当大臣は誰がいい？

清水　安倍政権が続いている背景には、野党のだらしなさに対する国民の批判があります。世論調査でも、今の野党共闘に期待しているのはまだ国民の二割ですよ。八割は期待していない。こんなことでは、政権交代はできない。では、野党が魅力ある受け皿として国民のなかに浸透できるかは、お互いが歩み寄って、とにかく今のひどい政治を変えるためには、日本共産党も含め、全部の野党が一致結束しないと。そして、それを後押ししてくれるのは国民の声だと思う。繰り返しますが、僕たちは今、野党連合で安倍政権に替わる政権をとっても、社会主義にはしません。これ以上、安倍政権を続けさせるわけにはいかない。

適菜　それはそうです。

清水　自民党の杉田水脈の「ＬＧＢＴは生産性がない」という記事が問題になりましたが、彼女が言っているのは、性的マイノリティだけではなくて、子供を産まない、産めない夫婦や、持たない夫婦、あるいは未婚の女性、障碍者を含めた人たちに対する発言でもある。だから、相模原の障碍者施設で発生した事件の加害者と同じ発想です。子供を産むか産まないかというだけで、人間を評価してしまう。基本的人権も憲法も無視するような人間を比例の名簿に載せた自民党も問題だし、世間の批判が高まってから注意をした二階俊博も問題です。

自民党も末期的です。

適菜　杉田水脈の件に関してはあまりにもバカバカしいので、まともに相手にしてもムダだから、「生産性がないのがだめならオナニーもだめなのか」とツイッターに書いておいた。だって、生産性がないのだから。

清水　今の表現はアウトです。「なんで、おまえ、ゲラをチェックしなかった」と言われてしまいます。

適菜　いや、日本共産党は検閲はしないでしょう。多分。安倍政権を放置すると国が滅びるというより、すでに滅びている。だから、私は日本共産党の主張の多くを支持してますし、日本共産党にも投票しています。話せば長くなるので端折りますが、私は思想上の理由で昔は選挙に行かなかったのですが、最近は選挙に行っているんです。共産党に投票するために。

清水　ははは。それ、書いていいんですか？

適菜　今の世の中に対する嫌がらせですよ。共産党が政権を取ったら、もちろん批判にまわりますけどね。

清水　うどんのかまぼことか刺身のツマのような役割を批判勢力として日本共産党に期待しているけど、政権にはついてほしくないという人は多い。そこは、適菜さんがおっしゃる国民との乗り越えられない壁のようなものかもしれません。でも僕は本気で連立で政権をとる

山尾志桜里
政治家、元検察官。立憲民主党所属の衆議院議員。

つもりですよ。今こそ、野党がネクスト・キャビネットを発表するべきだと思うんです。どんな顔ぶれで、国民生活を守るのかと。魅力ある政策や公約を出すのは当然ですけども。

適菜　たしかに政治家の顔ぶれは大事です。

清水　たとえば総理大臣は志位和夫、官房長官は枝野幸男、外務大臣は小沢一郎、経済産業担当大臣は辻元清美、法務大臣は福島瑞穂とかね。あくまでも僕の理想ですが。

適菜　なんだか嫌だなあ。とりあえず小沢一郎は外してほしい。現在の政治の腐敗を招いた元凶ですから。清水忠史は総理大臣になってほしい。

清水　適菜さん推しの山尾志桜里さんには少子化担当大臣で入閣してもらえればいいですね。

適菜　ブラックだなあ。サプライズ人事の閣外協力で少子化担当大臣は杉田水脈がいい。

清水　ははは。そちらのほうがよほどブラックジョークですよ。

拉致被害者の家族会は安倍被害者の会

清水　もし、日本共産党を含む野党の連立政権ができたら、日本の憲政史上、初めてのことになります。政権交代はこの間二回ありました。一九九三年の非自民連立政権と二〇〇九年の民主党政権。でもこれは日本を根本から変えるというより、アメリカや財界が自分たちに大きな影響はないということで、その枠内で行われた変革です。それこそ、今の政治の枠組みを、アメリカや財界のいいなりにならないようにしなければいけない。

適菜　そのとおりです。それこそ自主独立です。

清水　適菜さん風に言えば、まっとうな保守政治をつくる。日本の伝統を守り、国民生活をよくしていく。そこに日本共産党が入るとするなら、失敗は許されないと思う。安倍政権を延命させているのは民主党政権のトラウマです。子ども手当、高速道路無料化、沖縄の普天間基地返還、何もできへんかったやないかと。それやったら、株価も上昇しているから安倍政権のほうがマシだと。大企業の社員は自社株を持っていますよね。その株価が民主党政権の頃に比べたら上がっているわけですから。そういう点では巧みにやってますよ。ＧＰＩＦ

でお金を入れたり、日銀が購入したり。共産党も経済と安全保障に強くならなければならない。安倍政権は外交はボロボロです。北朝鮮の拉致問題だって、最重要課題と言いながら、一ミリも進んでいないない。今後、解決する見通しもないですよ。

適菜 だから、解決に向けてのポーズをとる。この繰り返しです。最近になって安倍は「第一線に立って北朝鮮と交渉する」などと言い出した。一体何年間政治家をやっているんですか。安倍は本音では、拉致被害者の家族が亡くなるのを指を数えて待っているのでしょう。そしたら、問題をうやむやにできる。だから、拉致被害者の家族会は、安倍被害者の会でもあるんです。

清水 結局、なにもやっていなかった。

適菜 北方領土の交渉も同じ。散々国を売るようなことをやっておきながら、取り返しがつかなくなった後に「これからが正念場だ」とドヤ顔で語る。ロシアには三〇〇〇億円を貢がされた挙句、共同開発で主権問題を棚上げ。北方領土はロシアの法の下にあるという話になってしまった。この件に関して「日本の主権を守れ」と論陣を張ったのは共産党と『赤旗』ですよ。ネトウヨが安倍から離れられないのも、彼らが単なる思考停止の情弱だからです。ネットに流れているゴミ情報を信仰して、左翼や社会的弱者を叩いているだけ。安倍がこれまでなにをやってきたかを知らないし、知るつもりもないのでしょう。

清水　安倍は改憲案を自民党として出したいと言う。そこで僕らもそれに対抗するための妙案を探しているのですが、もうひとつ決め手不足だと指摘されている。

適菜　今、思いついたんですけど、「日本共産党は安倍政権を全力で支持します」と言うのはどうですか。そしたら共産党が嫌いなネトウヨや産経新聞を読んでいるような連中が安倍から離れる。

清水　褒め殺しですか。「安倍首相、頑張れ。安倍首相、頑張れ。安保法制、通ってよかった」って、森友学園が運営していた塚本幼稚園と一緒じゃないですか。

これからがモリカケ事件の本番

適菜　森友学園問題、加計学園問題だって、なにもなかったような空気を醸成しようとする動きがありますが、深刻な問題です。

清水　嘘ばかりです。だから、諦めずにやる。忘れない、執念でやる。

適菜　安倍の動きはマフィアに似ています。自分の仲間は守る、敵と認定したら、徹底的に潰しにかかる。森友学園の籠池泰典前理事長がどうなったかを見れば、明らかでしょう。私は昔からマフィアの論理が大嫌いなんです。マフィア映画や任侠映画が好きな人もいますが、話が噛み合わない。

清水　総理大臣が自分の立場を利用しているところがダメなんです。朴槿恵が辞めさせられた理由は、セウォル号沈没の際の対応も悪かったことや、関係企業から賄賂をもらっていたこともありますが、一番は、自分の立場を利用して、親友に便宜を図っていたことです。これが国民の逆鱗に触れた。日本で安倍昭恵総理夫人がやっていることに日本国民は黙っていていいんですか。適菜さんがおっしゃっていたとおり、公文書の改竄なんて一発でアウトですよ。

適菜　国家の信頼の問題です。

清水　それを検察が不起訴にしてしまう。官邸が法務省に早く不起訴を出せと巻きを入れる。

適菜　法務省も、安倍人事で抑え込まれています。

清水　だから、内閣人事局の問題は大きいです。アメリカだって、一昔前まではトランプみたいな人が大統領になるのはありえなかった。フロリダ州パークランドの高校で銃の乱射事件が起きたときには、教師が銃で防戦すればいいと言ったり、パリ協定から離脱したり、エルサレムをイスラエルの首都に認定したり。アメリカ人に聞くと、アメリカは日本以上に格差が広がっていて、困窮した人たちが変化を求めて、トランプに投票している。クリントン夫婦は銭ゲバだから、やつらに投票するよりは、スクラップ・アンド・ビルド、つまり、一

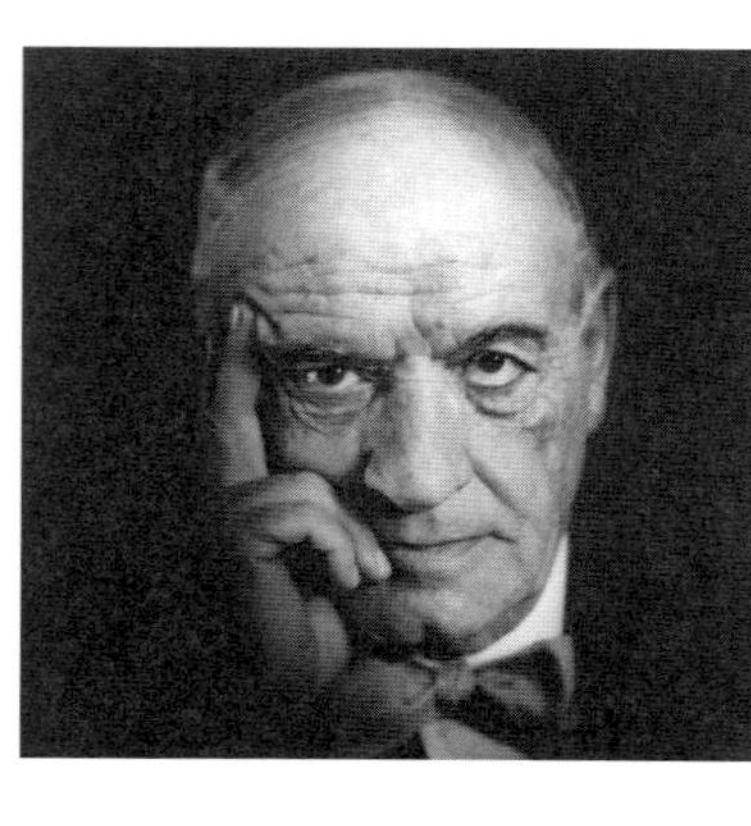

オルテガ・イ・ガセット
スペインの哲学者。主著に『大衆の反逆』。

回、ガラガラポンしてしまえと。

適菜　今の日本の状況と同じですね。「リセット」を唱える政治家連中もそうですが、その破壊への衝動が自分たちのクビを絞める結果につながっている。内閣人事局は二〇一四年に設置されていますが、もともとは自民党の内部で、政治主導や官僚悪玉論を唱えていた連中から出てきた発想です。オルテガも言っています。「飢饉が原因の暴動では、一般大衆はパンを求めるのが普通だが、なんとそのためにパン屋を破壊するというのが彼らの普通のやり方なのである。この例は、今日の大衆が、彼らをはぐくんでくれる文明に対してとる、いっそう広範で複雑な態度の象徴的な例といえよう」（『大衆の反逆』）

構造改革とトリクルダウン

清水　僕は日本共産党を宣伝するために、今、全国行脚で漫才（講演）をやっています。権力批判はお笑い芸人の矜持です。チャールズ・チャップリン（一八八九〜一九七七年）もそうです。だから、最近の吉本興業みたいに権力におもねるのはタチが悪いですよ。結局、カネなんですよね。日本経済は三位に落ちたといっても、一人当たりのGDPで比べると、日本は中国の一〇倍くらい上です。だから、もっと生活が豊かになっていいと思うのですが、みんな、倹約して我慢している。消費活動がないと、経済は回らない。アベノミクスで格差も広がっている。そのおこぼれが下りてくるという説明でいいのかということです。

適菜　最初からデタラメですよ。おこぼれなどあるはずもない。改革、改革と騒いで、不都合が生じたら、「まだ改革が足りないからだ」と理由づける。これが構造改革のカラクリです。こうして何回も同じ誤りを繰り返す。竹中平蔵は、法人税減税で投資が回り、国民の雇用が創出されると言っていたのに、そのうちにトリクルダウン理論（富裕層が富めば経済活動が活発になり、その富が貧しい者にも浸透するという経済論）について「滴り落ちてくるなんてないですよ。あり得ないですよ」と言い出した。

清水　ひどい話です。

適菜　安倍も「大企業の業績の果実が、国内の中小・小規模企業、そしてその従業員の皆さんに、行き渡らないようであれば、アベノミクスは失敗であると、私は考えています」と言っていたのに、都合が悪くなってきたら「私はトリクルダウンなんて言ったことない」と言い出した。内閣人事局のような発想も、官僚は放っておくと悪いことをするという官僚悪玉論からきている。構造改革、政治制度改革の熱狂は、選挙のスタイルから党の運営まで完全に自民党を変えてしまった。改革の熱狂の中で保守は排除され、今では新自由主義者やビジネス右翼、カルトが「保守」を名乗るようになってしまった。安倍のようなグローバリストが、自称保守に支持されるという滑稽な現象が発生しています。

清水　そうですね。

適菜　自民党の中から政治改革大綱が出てきたのは、政治とカネの問題が騒がれていたからです。リクルート事件や佐川急便事件により国民の政治不信が高まり、五五年体制を解体するような動きが、自民党の中から出てきます。海部内閣と宮沢内閣は政治改革関連法案を提出したが、いずれも廃案になる。こうした動きに反発した自民党議員が大量に離党します。こうして誕生した新生党や新党さきがけ、細川護煕率いる日本新党が躍進し、「新党ブーム」が発生。社会党、公明党、民社党、社会民主連合と組み、八党連立の細川政権が誕生し、五五年体制は終焉します。改革に対する国民的熱狂に沿うような形で、当時、社会党でも言わなかったような極端な形の政治制度改革が進められていく。そして、ついには選挙制度に手を付けてしまった。

清水 一九九四年の小選挙区比例代表並立制の導入と政治資金規正法の改正ですね。

適菜 これで政治は完全に腐り果てた。すでに述べたように、小選挙区制度は、二大政党制に近づきます。死票は増え、小さな政党には不利に働く。そこでは基本的に上位二政党の戦いになります。政治家個人の資質より党のイメージ戦略が重要になるので、ポピュリズムが政界を汚染するようになりました。また、政治資金規制法改正により、党中央に権限が集まるようになった。これにより政治の形が変わります。かつては党内で利害調整や合意形成といった根回しをしっかりやっておかなければ党が回らなかった。派閥と中選挙区の話はすでにしましたが、結局、政策論争もなくなり、ひたすら党にこびへつらう思考停止した議員ばかりになった。マーケティングにより大衆の気分を探り、それにおもねることで権力を握ろうとする連中が政界をむしばむようになったわけですね。平成の三〇年にわたり、連中は大衆の心の一番汚いところに訴えかけた。「官僚や公務員はけしからん」「あらゆる規制を撤廃して、既得権益を持っている連中を懲らしめろ」と騒ぎ立て、一部の人間が別の形の利権を手にしてきたわけです。構造改革利権ですよ。小沢一郎は「守旧派」を仕立て上げ、小泉純一郎は「抵抗勢力」を党から追い出し、民主党は官僚を悪玉にした。橋下劇場も小池劇場も手法は同じです。どこかに悪い奴がいて、正義の味方である自分たちがそれを倒す。大衆は桃太郎の紙芝居に喝采を送る。こんなことを三〇年も続けていれば、国が傾くのは当然です。

バカがバカを担げばバカな国になりますよ。

清水　いいですね。バカという言葉を億面もなく使えるのは、適菜さんならではです。だからどんどん言ってください。僕はなかなか言いにくいので。バカに対してバカと言えないつらさ……。

適菜　いや、バカにはバカと言わなきゃだめですよ。

歴史認識について

清水　大阪も辛坊治郎氏のような極端な主張をする人がテレビに出ていて、残念ながら影響力が小さくない。『そこまで言って委員会』もそうですが。作家の百田尚樹氏は大阪ではあまりウケていないですね。大阪の人もテレビに出ているから見ているだけで、『永遠の0』を書いた人というたら、ああというくらいではないですか。

適菜　最近はネトウヨに毛が生えたくらいの物書きが多いでしょう。某メルヘン作家に関しては毛さえ生えていませんが。百田は『日本国紀』といういかがわしい本を出していましたね。間違いだらけで、出典文献も一切なく、剽窃も多くて話題になりました。ウィキペディア、新聞記事や関連書籍、ネット上のまとめ記事からもコピペで無断引用していたという。

フランシスコ・ザビエル
スペインのナバラ王国出身のカトリック教会の司祭、宣教師。イエズス会の創設メンバーのひとり。

ルイス・フロイス（一五三二～九七年）とフランシスコ・ザビエル（一五〇六頃～五二年）を取り違えていることを指摘された百田は完全に開き直って「大したミスじゃない。どっちにしても外人や」と。百田は『日本国紀』に書かれていることはすべて事実と言っていましたが、こんな感覚で書かれた事故本を読んだら、日本史の試験は赤点です。

清水　受験生にとってはいい迷惑ですね。

適菜　私は言論の自由は絶対に守るべきだと思っています。百田の思想がどれだけ歪んでいたとしても、その言論活動は守らなければいけない。それを阻害する動きがあれば、私は百田の側に立って戦います。しかし、世の中にデマを垂れ流す自由はありません。あれだけデタラメな本を市場にばらまいておいて回収もしないのはテロに等しい。あれを読んで、間違った知識を植え付けられた人はどうするのでしょうか。

清水　安倍の歴史観も歪んでいます。安倍は、あの戦争が侵略戦争だったかどうかは、後世の歴史家が判断すると言いますが、「戦後、何年たってんねん」と思います。敗戦直後にそのセリフを言うなら許容範囲ですが、戦後七〇年以上たって、戦争の性格について彼は答えないわけです。外務省や内閣府が編纂した資料には、侵略戦争だったと書いてありますし、そもそも、ポツダム宣言に世界征服のための戦争だったと記述されているわけです。それを受諾しているわけですからね。

適菜　二つの論点があります。第一点はそもそも安倍は歴史を知らないんです。安倍は「ポツダム宣言というのは、米国が原子爆弾を二発も落として日本に大変な惨状を与えた後、『どうだ』とばかり（に）たたきつけたものだ」という言葉を残していますが、ポツダム宣言は七月二六日。広島と長崎の原爆投下の日付は小学生でも知っているでしょう。要するに、義務教育レベルの知識がすっぽり抜け落ちている。国会でポツダム宣言に書かれた歴史認識について質問されると、安倍は「その部分は、つまびらかに読んでいない」と答えています。ポツダム宣言はわずか一三条で、プリント用紙二枚ほど。「その部分」も「つまびらか」もあったものではありません。読んでいないので咄嗟に嘘をついたのでしょうが、そのあと、「安倍首相はポツダム宣言を当然読んでいる」とする答弁書が閣議決定された。すでに日本はここまで来ているということです。

清水　戦後レジームからの脱却とか言いながら、戦争に関する重要文書さえ読まないんです。

適菜　第二点は安倍の「歴史は歴史家が判断すべき」という発言は正しいと思います。時の政権や権力者が恣意的に歴史を解釈していいわけがない。では、安倍が何をやってるのかといえば、恣意的な歴史の解釈です。日韓合意もそうですし、日本共産党とは相容れないところかもしれませんが、村山談話と河野談話を確定したのが安倍です。日本共産党は、河野談話は認めているわけでしょう。

清水　そうですね。

適菜　ただ、河野談話が作られた経緯はかなり怪しい。要するに、自民党と韓国政府が政治的判断で歴史を確定させたという経緯があります。慰安婦の強制連行はなかったとネトウヨみたいなことを言いたいわけではないですよ。ないことの証明はできませんし。もっと違う次元の話です。当時河野洋平は韓国側とのすりあわせはしていないと大嘘をついていた。自民党が調査した結果、証拠は出てこなかった。証拠がないということと、強制がなかったことは別の話ですから、それこそ検証を続ければいいだけの話です。しかし、証拠がないのに河野談話を通してしまったわけです。これは政治の越権です。歴史に対する罪です。歴史修正主義がどうこうと騒ぐ左翼に限って、こうした歴史の修正には口をつぐんだりする。日韓合意で一〇億円を韓国に流した件についても、時の政権が不可逆的に歴史を確定させようとしたわけで、強い違和感があります。

清水　一九六五年に日韓基本条約を締結して、当時のカネで一八〇〇億円くらいを経済支援して、それで韓国経済もよくなった。ただ、その時点で判明していない問題が将来発生したら、解決するためにお互いに努力するという取り決めがあった。元慰安婦だった人たちも、家族や子供の手前、自分が慰安婦だったと言えないということで、条約を結ぶときには、俎上に上らなかった。だから、日韓両国が向き合うのは正しいと思っています。ただ、朴槿恵が当事者の意見を聞かずに、日本政府と合意して一〇億円の基金を受け取ることを決めてしまった。

適菜　国連事務総長だった韓国の潘基文は「日本に一〇億円を返せ」と言いましたが、私はそれに賛成したんです。文在寅もあれは間違いだったと認めています。

大門実紀史という政治家

清水　政治は国会だけではなくて、居酒屋談義も含まれる。イギリスのパブもそうですよ。日本の場合、酒の場ではプロ野球と政治の話をするなという変なしきたりがありました。かつての高度成長時代だったらそれでよかったのかもしれないけど、今はそれではすまない状況です。僕らは、自己満足に陥ったらダメです。自分たちだけが正しいと思ってもダメ。適菜さんとお話しして勉強になったのは、政治家は自分がやりたいことをやるより、国民がやりたいことをやると。

適菜 そうです。一番大事なことはやらなくてもいいことをやらないことです。「活動的なバカより恐ろしいものはない」とゲーテは言いましたが、余計なことをするのはやめてほしい。

清水 余計なことと言えば、安倍総理は共謀罪法を通すときに、金田勝年氏を法務大臣にしたでしょう。犯罪を実行しなくても、相談しただけで捕まえる。そのためには警察が市民を監視する社会になります。国連からも人権問題だと指摘を受けたのに、テロ特措法だと強行したのは欺瞞です。国会答弁も本当にひどいものでした。「一般人と組織的犯罪集団の違いは何か？」と聞いたら、「下見をしてたら」と答えた。それで「下見と花見の違いはどこにあるのか」と聞かれると、「弁当をぶら下げて、ビールを持っていたら花見で、双眼鏡と地図を持ってたら下見」って、ホンマに答えたんですよ。今どき、どんなテロリストが、双眼鏡と地図持ってフラフラ公園を歩くんですか。もうギャグでした。

適菜 安倍も説明が二転三転して、「共謀罪がないとオリンピックが開けない」と言い出したり。オリンピックを招致するときは「世界有数の安全な都市、東京」などと繰り返していたが、真逆のことを平気な顔で言う。完全にいかれてます。ところで、清水さんは、尊敬する政治家はいらっしゃるんですか？

清水　同僚議員で先輩の大門実紀史という参議院議員です。とても人情が厚い人なんですよ。

適菜　西部邁（一九三九～二〇一八年）とも仲がよかったですよね。

清水　そうです。麻生太郎財務大臣とも仲がいい。自民党の京都の西田昌司参議院議員とも懇意にしていると聞いています。だから敵がいないというか自民党の議員からも慕われている。論法がしっかりしているし、金融畑ですから、財政問題もきちんと痛いところを突く。それと面倒見がいいんですよ。日本共産党に派閥はないけど、飲みに行く派閥があって僕が若頭で大門軍団といいます。『西部警察』みたいで格好いいでしょう。大門さんの座右の銘は、「意気にこたえる心」です。それはすごく大事です。

適菜　麻生は国会で横柄な態度をとっていますが、大門さんの質問には真面目に答えますね。

清水　そうなんです。「えー、大門先生の言う通りでえございましてぇ～」などと真面目に答える。同じ共産党でも僕が質問すると若造が何を言うかという面持ちで、鼻で笑ったような対応でしたが。

適菜　私も前からいい政治家だと思ってました。

清水　野党の場合、泥を投げつけるような質問のスタイルがあります。木刀でどつきまわすという攻撃型の質問も散見します。めちゃくちゃ強い言葉で批判する。大門さんの場合、真剣の鞘に手をかけて、いつでも抜くことができるようにしておいて、おだやかに聞く。事実に裏打ちされたものがあるからです。それは学ぶところが多い。僕も国民の意気にこたえる政治家を目指したい。

政権の背後の人脈

清水　僕が言いたいのは、日本共産党抜きで安倍を降ろすことができるのかということです。過去の失敗の二の舞になってはいけない。だからといって今の共産党には高飛車にやるほどの実力もない。しかし、一番真剣なんですよ。だから、野党共闘のために、統一候補実現にむけて猛奮闘した。適菜さんが『赤旗』で書いていらっしゃったのもそこですね。

適菜　そうです。ナショナルなものを守ろうとしているのが日本共産党くらいになってしまった。社会が腐っていれば、結局腐ったものが持ち上げられるわけです。なんだかんだ言っても安倍がしぶとい理由はそれです。安倍がポシャっても同じようなものが持ち上げられるだけ。民主党はポシャりましたが、民主党よりも民主党的な、民主党の悪いところを煮詰めたような安倍政権ができたわけです。私は民主党が政権をひっくり返した日に、自分のウェブサイトに「本日、二〇〇九年九月一〇日、民主党が大勝しました。民主党に投票した人間は『自民党に対するお灸』のつもりでしょうが、この先間違いなく『国民に対するお灸』になるはずです」と書きました。そして、民主党政権が倒れた日には「この三年間に対する本質的な反省がない限り、自民党に政権が交代しようが、同じことの繰り返しになるはずです」と書いた。当時、私は民主党政権のグローバリズム路線、移民政策、独裁的な手法、政府と与党の一元化、内閣法制局長官の答弁の禁止などを批判していました。ところが、より悪質な「改革」を急激に進める安倍政権を自称保守論壇が恥じらいもなく礼賛しはじめたわけです。一応は公の新聞である産経新聞は、安倍マニアの同人誌みたいになってしまったし。聖教新聞だって、池田大作をあそこまで持ち上げないでしょう。だから、あの手の連中とは縁を切った。『正論』『Hanada』『WiLL』も毎月自宅に送られてくるので、編集部に電話して送付リストから外してもらいました。

清水 そうした経緯があったんですね。

適菜 民主党政権も安倍政権も同じような連中が裏で動いていて、同様の腐臭を放っているのに、メディアの見せ方や誘導により、バカは流されていくわけです。古い刺身でもパックに「新鮮」とか「産地直送」というシールが貼ってあれば、中身を確認する前に、買い物かごに入れてしまう。「国民は悪くない、悪いのは国民を騙しているマスコミだ」という言い方があります。しかし、このようなデタラメ極まりない政権を六年以上にわたり放置してきた国民の側にも問題がある。もちろん、騙す側が悪いのですが、何度も同じような詐欺に騙されるほうも相当悪い。左翼は権力を批判しろと言いますが、日本の最大の権力は世論です。憲法でも国民主権ということになっている。だから有権者を批判しなければいけないんです。以前ツイッターで「適菜は安倍さんだけではなく、安倍さんを支持している有権者のことまでバカだというつもりなのか」というのがあったけど、「安倍さんを支持している有権者までバカだ」と何度も言っているのにね。日本語読めないのかな?

清水 なんでも盲信するのは危険ですよね。

適菜 もっとも、根本的な解決は最初からありません。近代大衆社会は結局、こういう形で腐っていくしかないのだと思います。保守という立場ができるのは対処療法くらいです。世の中の情勢に嫌がらせくらいはできますが、それ以上のことはできない。近代大衆社会が地獄に突き進んでいく仕組みについては、ありとあらゆる哲学者や思想家が示してきたとおりですが、安倍政権の暴走が近代の最終段階の徴候だとしたら、根本的な解決策はないと言わざるをえない。安倍が強いのは、彼が優秀だからではなくて、空っぽな人間だからです。生活に困った経験もないので、金銭欲が強いわけでもない。橋下のような日本に対する悪意すらない。だから、一度担ぎ上げられるとフワッとした空気に流される人たちに支持される。

ナチスもイデオロギーがないので、大衆運動として拡大した。これが近代特有の病です。政治家は変えることができても、有権者は変えることはできません。

清水　適菜さんは麻生政権の末期と、民主党政権の末期と、今の安倍政権の背景はどれも同じだけど、見せ方によって違うと言います。僕は受け皿だと思う。麻生政権の末期には、民主党政権をメディアが持ち上げた。鳩山、小沢、菅直人が一緒になって、新しい政権を作るということで盛り上がった。民主党政権がガタガタになったときには、「やっぱり自民党だよね」という逆バネが働いて、もう一回、自民党が受け皿になった。民主党が三〇〇議席取ったあとに、自民党が三〇〇議席を取り返すというシーソーみたいな政局になったわけです。でも、今の安倍政権には受け皿がないんです。これは野党の責任です。僕は沖縄に学ぶべきだと思うんです。翁長さんは残念ながら亡くなりましたが、もともと自民党です。でも、イデオロギーよりアイデンティティということで、最後までぶれずに戦った。最後は五メートル歩くのに二〇分かかるくらい大変だったのに、記者会見を三〇分こなして、埋め立て承認を撤回した。辺野古に基地を作らせないということが、右、左、保守、革新の対立を乗り越えて、オール沖縄で一緒になって戦った。沖縄は先駆けてそれをやったんです。こうした力を広げていくことができれば、今の政治を変えていくことができると思います。

適菜　沖縄県民、沖縄のメディアが日本を救うことになるかもしれませんね。

［第六章］

閉塞感を乗り越えるために

歴史を見るスパン

適菜　今日はここに来る前に、池袋サンシャインの水族館とプラネタリウムに行ったんです。

清水　癒されに行ったんですか？

適菜　というより、政治に関しても少し長い目で見たほうがいいと思いまして。地球が誕生して四六億年ですよね。

清水　ははは。そこまでいきますか。

適菜　そして生命が誕生して四〇億年です。その頃の生命が分派してきたわけで、植物も人間も遺伝子で見ると、遠い親戚です。それで、橋下を分析するときも四〇億年の歴史を参照したほうがいいのかと。橋下が尊敬する昆虫はゴキブリですが、たしかにゴキブリはしぶとく生き延びてきたわけです。人間より圧倒的な能力を持つ生物は多い。鳥は空を飛べるし、魚だって狭い水槽で泳いでいても壁にも他の魚にもぶつからない。カタクチイワシは密集して泳いでいるのに、決してお互いぶつからない。ほとんど数センチしか離れていないのに。その運動能力はすごいと思って水槽の前で見ていたら、よそ見しながら歩いてきた中国人のオバハンが、すごい勢いでぶつかってきた。カタクチイワシ以下かよと。

清水　生命や宇宙など、適菜さんが長いスパンでモノを考えようと思ったきっかけはなんだったんですか？

適菜　私は以前から二〇年、二〇〇年、二〇〇〇年という話をよくしていました。平成という ことでは二〇年ではなくて三〇年になりますが、平成に入ってから構造改革の嵐が吹き荒れ、自民党も変質してしまい、日本が急速におかしくなったという現状があります。それを近代の暴走という側面で考えると、二〇〇年前の近代啓蒙思想の問題がある。その土壌を考えると、突き詰めれば二〇〇〇年前のキリスト教の誕生ということになる。それで、評論家の呉智英さんと対談したら、彼は二〇〇〇年では足りないんじゃないか。アウストラロピテクスまで遡るべきだと。

清水　二〇〇万年前ですよね。

適菜　それに対抗するというわけではないですけど、二〇〇万年では足りなくて、どうせなら四〇億年は振り返るべきだと思うようになった。人類だけではなくて魚類も大事だと。マルクスの原始共産制どころの話ではないですよ。

清水　共産党の世界観は、適菜さんほど長くはないですが、一〇〇年単位で見るんです。たとえば、二〇世紀と二一世紀を比べる。二〇世紀には、大きな大国が植民地をたくさん持っていた。戦争も正当な手続きを踏めば合法だった。ところが二つの大戦を経て、小さな国は独立を勝ち取っていく。二一世紀になると小さな国が大国のプレッシャーに動ぜず、団結する風潮が生まれてきた。クラスター爆弾や対人地雷、化学兵器には早くから禁止条約がありまして、日本も批准していますが、核兵器という最大の残虐兵器は、禁止条約の俎上にも載らなかった。

適菜　核保有国が圧力をかけますからね。

清水　ところが、コスタリカやオーストリアといった小さな国々が条約の批准のために努力をして、採択をさせた。だから、今だけを見ると、世の中なんて変わらないと刹那的になりますが、五〇年、一〇〇年という単位で見ると、情勢は変わります。ある人に「日本共産党の支持率四パーセントってすごいな」と言われたんです。「たったの四パーセントですよ」と答えたら、「俺が応援してた頃は〇・五パーセントだった」と。

適菜　そう考えるとすごい。支持率が八倍になっている。

清水　日本共産党も国会議員がゼロになったときもあったし、社会党と公明党が共産党を除く「社公合意」を結んだり、ソ連の崩壊で「共産主義は終わった。資本主義の勝利だ」とバッシングも続いたりして、そして中国天安門事件でしょう。その後、なんとか盛り返しましたが、自民か非自民かという二大政党づくりの波にのまれたり。だから試練もありましたが、それでも、どっこい、残っている。

適菜　私は共産主義は一九世紀で役割を終えたと思っていたのですが、それは二〇〇〇年程度

のスパンで歴史を見ているからそう思うだけで、一万年後くらいには人類は共産化している
かもしれませんね。滅亡している可能性のほうが高いけど。

「ワクワク」という勢力

清水 適菜さんに逆に聞きたいのは、現状を打開するためには、何が必要なのか。あるいは、もう、できないと悲観されておられるのか。絶望せずに、読み手に対して希望を与えるようなヒントを出せるのか。僕は今、ワクワクしております。適菜さんは共産党は理想ばかりだと言うけど、理想があってこその仕事だと思います。理想を語れないんだったら、絶望を語る政治家でいいのかと。

適菜 なるほど。なんていうのかなあ。ちょっと、失礼な言い方になってしまうかもしれませんが……。

清水 気にしないでください。

適菜 だから共産党は信用されないんですよ。

清水 失礼だなあ。

適菜 ははは。「気にしないでください」って言ったじゃないですか。現実をまともな方向

竹中平蔵
経済学者、政治家、実業家。総務大臣、郵政民営化担当大臣等を歴任。パソナグループ取締役会長。

に変えていくのは大事なことですけど、先に理想を掲げて、それに沿って現実を否定すると危ない方向に行く。結局、宗教だったり左翼のロジックはそこなんです。それと政治家はワクワクすべきではありません。日本は「ワクワク」に支配されている。竹中平蔵は「私の改革思想はワクワク感なんです」と述べていますが、安倍も小泉進次郎も小池百合子も橋下も蓮舫も、すぐに「ワクワク」と口走る。

清水　理想は語りますが、青写真を作って、それに社会を結びつけていくという発想は戒めているつもりです。僕たちが目指す世の中は、まだ人類未踏の域じゃないですか。だから、自分たちの頭で想像できないような社会があるかもしれない。奴隷制の時代に、アフリカ大陸から数千万人の黒人がアメリカ大陸に送られて、鉄道や炭鉱で働かされた。南北戦争もありましたが、奴隷制度がなくなったのは一八六五年でしょう。当時炭鉱で働いていた人たちが、黒人差別が解消されて、アメリカの大統領に黒人がなるということを想像できたかということです。もっといえば、士農工商の時代にはサムライに道端で斬られても仕方がなかった。でも、今は社会的に平等な立場で楽しく酒が飲める。昔の人たちがこうした状況を想像できたかというと、理想はあっても、具体的な青写真は描くことができなかったと思うんですよ。

適菜　ちょっと、まぜっかえすようなことを言わせてもらうと、古代ローマに奴隷がいましたよね。でも、当時の奴隷は結構自由だった。カネも使えたし、温泉に行くこともできた。要するに近代のアメリカのような過酷な奴隷制度ではなかった。では、当時の自由な奴隷が、将来の過酷な奴隷制度を予期できたかというと、そうでもなかったわけで。なにが言いたいのかというと、時代の流れとともに世の中がよくなっていくというのは妄想に過ぎないということです。世の中はよくなることもあるし、悪くなることもある。人間はいつの時代でも一瞬で野蛮に落ち込むし、偶然に平和な時代を謳歌する時代もあるというだけの話だと思うんですよ。

清水　自由な奴隷と虐げられた奴隷がいたという話ですが、共通するのはどちらも奴隷ということです。支配する側とされる側。支配のない社会を人類は作れるというのが僕たちの理想。

適菜　まあ、無理でしょうね。支配と被支配の関係はどの社会でも見いだされることです。人は人を支配したいし、人は人に支配されたいんですよ。奴隷の幸福という言葉もありますが、大衆は自由からも逃避する。

清水　ああ、それは言えてる。自由であることのほうがつらい。従属していれば安心できるんだ。

適菜　ほとんどの人間は自由に耐えることができない。心理学者のバリー・シュワルツも、選択肢の多さが幸福度を下げると主張しています。たとえば、多様な医療を選ぶことができる患者の自己決定権は、患者にとってプラスになるのかと。しかし、それはプロである医者の判断より、素人の判断を優先させることになる。結果的に、患者にマイナスになるわけですね。要するに、多すぎる選択肢は選択を困難にするし、常に選択に対する後悔を引き起こす。

清水　深い問題提起ですね。

適菜　だから、権威や教祖を探そうとする。小林秀雄（一九〇二～八三年）が「人間は侮蔑されたら怒るものだ、などと考えているのは浅薄な心理学に過ぎぬ。その点、個人の心理も群集の真理も変りはしない。本当を言えば、大衆は侮蔑されたがっている。支配されたがっている」と書いてますね。ヒトラーはそれがわかっていた。

ニヒリズムをどう乗り越えるのか

清水 今、僕たちは安倍や維新の会のようなものが表舞台に出てきた時代に生きているわけです。これをどうするのかと。ニヒリズムに落ち込んで、仕方ないとあきらめて、できるだけ政治から距離をとって、自分たちのことだけを利己的に考えて生きていけばいいのか。適菜さんは、そこで何を問題提起して、何を語りかけて、どうしたいのですか?

適菜 私が言いたいのは、現実を直視して、何が発生しているのかを考えない限り、何の解決にもならないということです。そして気付くのが遅すぎるということです。ひとつは清水さんのおっしゃるニヒリズムです。すでに政治家は嘘をつくのが当たり前だくらいの感覚になってしまっている。財務省の公文書改竄、防衛省の日報隠蔽、厚生労働省のデータ捏造とやりたい放題です。こうした状況になっているのは、国民の意識が腐っているからです。安倍個人の資質の問題にしても仕方がないし、本質的な解決にはならない。

清水 それではどうするんですか?

適菜 近代大衆社会の構造について警告を発してきた人たちの判断が正しいなら、ハードランディングしかないでしょう。先ほども言いましたが、首相補佐官の礒崎陽輔が「法的安定性なんてどうでもいい」と言った時点で日本は壊れているんですよ。政治家が平気な顔でその場しのぎの嘘を積み重ねる。平成の三〇年はこの繰り返しでしたが、安倍政権になってからは完全に狂気の域に落ち込んだ。北方領土問題でも安倍は大嘘をついてますね。二〇一八年九月の国際会議「東方経済フォーラム」でプーチンは、平和条約締結後に二島の引き渡しを明記した日ソ共同宣言に言及した上で、「前提条件をつけずに年内に平和条約を締結し、すべての問題の議論を続けよう」と発言した。これは日本とロシアが積み重ねてきた交渉のすべてを反故にするものであり、日本のトップなら、当然毅然とした態度で「冗談ではない」と言わなければならない場面でした。しかし、安倍はなぜか満面の笑顔をつくり、ヘラヘラと笑っていた。この安倍の態度が大きな問題になると、安倍は国会で「プーチン氏の平和条約締結への意欲の表れだと捉えている」と支離滅裂な説明をはじめ、さらにはNHKの番組で、プーチンに対し「北方領土問題を解決した上で平和条約を締結するのが日本の原則」だと直接反論したと発言します。しかし、ロシアのペスコフ大統領報道官は「安倍首相本人からは何の反応もなかった」と証言。ロシア側が嘘をつくメリットはなにもありません。いつものように、安倍がその場をごまかすために嘘をついたのです。

清水　本来なら安倍総理はその場で反論するべきでした。ロシアのいいなりになって四島どころか二島返還で決着とされてしまいます。戦後ヤルタ秘密協定やサンフランシスコ講和条約などの不公正なやり方で千島列島が奪われたのだと国際的に通用する主張を堂々と展開するべきでした。

適菜　沖縄県沖で米軍嘉手納基地所属のＦ15戦闘機が墜落した件に関し、安倍は国会で「飛行中止を申し出た」と言いましたが、これも真っ赤な嘘でした。外交の場で安倍が嘘をつくたびに、日本の立場が危うくなっていく。こうした「ホラ吹き」をトランプやプーチンがどのように観察しているかを考えたほうがいい。後は食いものにされるだけでしょう。こういう恥を知らない国は滅びるしかないんですよ。これで安倍が改憲したら、日本はお終いだし、ザマアミロですよ。日本はそれだけの国だったという話。何度も言いますが、これは本質的な批判をしてこなかった左翼の責任でもあります。「九条を守れ！」「戦争反対！」だけではだめなんです。

清水　それはそうです。でも、ニヒリズムに陥らずに生きていかなければならない。

適菜　価値の底が抜けてしまうのは、近代の構造上、必然です。そこから発生するニヒリズムをニーチェは、二つに分けました。能動的ニヒリズムと消極的ニヒリズムです。能動的ニヒリズムとは、ニヒリズムが必然であるとするならば、別の価値を見つけてきてごまかすのではなく、その根幹まで突き詰めて考えるということです。タチが悪いのは中途半端なニヒリストですね。自称保守論壇でありがちな、安っぽい復古主義だったり。価値を偽造するわけです。しかし、そんなことをしてもなんの意味もないとニーチェは言いました。近代が一

岸信介
政治家、官僚。満州国総務庁次長、商工大臣（第二四代）、内閣総理大臣（第五六・五七代）。「昭和の妖怪」と呼ばれた。

方通行のシステムであるとするならば、ニヒリズムの試練に耐え、そこを突き抜けたところに、克服の道を見出さなければならないと。日本は敗戦国である以上、今のようなやり方は、仕方がないという議論があります。先ほど清水さんがおっしゃったように、イタリアもドイツも敗戦国ですが、日本とは違った道を歩みました。日本は対米従属と経済成長のセットを受け入れたわけです。だから、戦争に負けて民主主義になってよかったという人たちが今の体制を維持している。日本共産党はもともと自主独立路線でしょう。自民党の党是も自主独立憲法の制定だった。安倍は歴史を知らないから自民党は「改憲」をずっと唱えていたとバカなことを言っていましたが。

清水　対米従属の下で財界が利益を出すという、絶妙なコンビネーションが働いてきた。イタリアやドイツは、戦争犯罪や戦争責任について徹底的に明らかにしました。

しかし、アメリカはA級戦犯容疑者の岸信介（一八九六〜一九八七年）、安倍の祖父を恩赦で逃して、アメリカの支配構造に協力する人物として利用するわけです。

適菜 そもそも自民党がそういう政党です。米中央情報局（CIA）は自民党にカネを流し続けていた。左派勢力の穏健派にも秘密資金が渡っている。これはアメリカ政府が公式に認めています。

なぜ生きるのか

清水 人間はなんのために生きているのかという哲学的な話になった場合、適菜さんはなんて答えるんですか？

適菜 意味なんてないですよ。

清水 ないんですか。なんか、驚くべき展開だ。

適菜 先ほど唯物史観と弁証法の話が出ましたが、歴史を弁証法的にとらえると、必然的に「目的」という発想が出てくる。それが「人間は何のために生きているのか」という問題意識に結びついていくと思うんです。では、本当に歴史に目的があって、人類がそれに向けて進化していったかといえば、とてもではないけど、そんな単純な歴史観を信仰することはできない。生きる意味というのも人間のおごりというか妄想でしょう。カブトムシだって目的があって生きているわけではないじゃないですか。

清水　それはそうですけど。

適菜　木の蜜を吸って、卵を産んで死ぬだけですよ。

清水　セミだって、一週間しか生きられない。

適菜　人間も同じです。問答無用で社会のなかに投げ出されて、なぜ生まれてきたかも知らないし、なぜ死ぬかも知らないままに、死ぬんですよ。三島由紀夫（一九二五～七〇年）が「東大を動物園にしろ」という文章の中でこういう話をしています。未来社会を信じる奴は、未来のためなら現在の成熟は犠牲にしてもいいという考えに陥ると。そしてそれを正義だと思ってしまう。でも、未来社会を信じない奴こそが今日の仕事をするのだと。「現在ただいましかない」という生活をするのが文化の本当の形であると。

清水　なるほど。

適菜　それは刹那的に生きることではありません。「現在」の中に、過去の無限の蓄積を見出すということです。三島が言っているのは、人間は道具でも過程でもないということです。「未来に夢を懸ける」のではなくて、日々に生き、日々に死ぬことが成熟であるということです。三島が否定したのは、「歴史の進歩」という妄想に支えられた近代的な人間観です。

清水　適菜さんがおっしゃるのはよくわかります。同時に、自分の人生に、意味を持たせたいと人間は思いますよね。

適菜　それはそうですね。小川榮太郎だって、自分の人生に意味があると思ってるのだろうから。

清水　ははは。それでは「幸せになりたい」という感情はどうですか。

適菜　それが正常なんです。でも、自分を不幸だと思い込みたい人たちもいる。理想や目的を設定すると、不幸になります。理想から現実を裁断してしまうわけですから。究極的な理想や目的を設定すれば究極的に不幸になる。このカラクリを利用したのが、キリスト教会であり、その延長線上にある左翼勢力です。逆に清水さんはどう考えているのかを聞きたいですね。

清水　幸せの定義は人によってさまざまです。それでも目的がないと張り合いがありませんし、無意味に暮らしたくないというところがあります。でも、適菜さんの「人生に意味はない」という言葉の真意はわかりました。生まれてきたことの意味も、死ぬことの意味も人間は知ることはできない。ただ、人間は、それに定義づけをしたいものだし、僕もそう思ってしまう。

適菜　最近よく思うのが、自宅の前にゴミが落ちていたら、ほうきと塵取りで掃除をするじゃないですか。放っておけば、風で吹き飛んでいくかもしれないし、誰かが片付けるかもしれないし、掃除したところで時間がたてばまたゴミが増えていく。それでも掃除をする。そういう営みが生きるということだと思うんです。だから、社会のダニを批判するのも、それにより日本がよくなっていくという希望を持っているというよりも、ハエが飛んでいたらスプレーをシューッとするように、行為と目的は一致しているわけです。私はよくプールで泳いでいますが、筋肉をつけたり痩せたりするのが目的ではなくて、泳ぐのが楽しいからです。酒を飲むのも、酔うのが目的ではなくて、飲んでいる時間が楽しい。「楽しい社会」は、いつかやってくるのではなくて、日々の実践です。

共産党の愛国心

清水　これまで政治について語られるとき、日本共産党なんて箸にも棒にもかからなかったんですよ。共産党は蚊帳の外だった。でも今は、共産党も含めて世の中をなんとかしなければならないという状況になってきている。もし安倍政権がまともだったら、共産党なんてお呼びでなかったかもしれない。みんなが豊かに暮らしていれば、社会変革なんて求めるわけがない。でも、日本共産党はイデオロギーの問題や党の歴史、イメージの問題を引きずっている。僕たちは撃たれることを怖れすぎていたのだと思う。ツイッターやフェイスブックに書き込んでいるだけでは、世の中は変わらない。共産党の支持者だけではなくて、「今の安倍はあかん」「橋下維新は怖い」という人たちと、可能な範囲で手を携えないとなんともならない危機的状態に今の日本はあります。だから僕はあえて、前線に行って撃たれる役割も果たそうと。防弾チョッキは着ているけどね。

適菜 それは清水さんの愛国心ですよね。

清水 そうです。僕が愛国心というと、「共産党が言うな」と批判されるんです。しかし、僕たちは日本の平和を守りたいし、外国の脅威から日本を守るためにどうすればいいのか、核の脅威をどうすればいいのかと、真剣に考えています。

適菜 一方、国の根幹を破壊し、ナショナリズムを解体し、国益を放り投げているのが安倍政権ですからね。自称「愛国者」が究極の「売国者」を礼賛するというのが現在のグロテスクな状況です。安倍が北方領土問題でなにをやったのか。もはや、売国奴ですらない。国土に熨斗をつけて献上するのだから、献国奴です。

清水 僕たちは重税や不況からどのようにして国民生活を守るかと考えている。大企業を潰せとか金持ちをつるし上げろとか、そんなこと考えてないですよ。儲かる人は、儲かったらいい。ただ、昔の日本は年功序列や終身雇用制度があって、ある程度、退職金をもらって、子供を大学卒業させるくらいの算段はついた。小さいながらもマイホームを買って、年金で暮らしていけるという将来設計がある程度できた。それが新自由主義に壊されてしまった。

適菜　日本共産党が今、本気で頑張っていることを承知した上で言うのですが、野党共闘の際でも共産党が譲歩を続けたにもかかわらず、前原誠司や小池百合子みたいな政治家にひっくり返された。他の野党も共産党を信用していない。その上で共産党は現実を動かさなければならない。そうでなければ、きつい言い方になるかもしれないけど、真剣ではないということになると思います。

独立心について

清水　従属していることの安定感や安心感。自由になることで生まれる不自由さ。これを支配層が巧みに利用している。いまや携帯電話でゲームはできるし、コンビニでなんでもモノが買える。こうした中、自主独立というのは見えにくくなっている。適菜さんは多数決は正義ではないと言いますが、僕もそう思う。今の安倍政権を見ても、議席が多いから正義かといえば、決してそうではない。作家の適菜さんと政治家の清水忠史とでは、解決の仕方や働きかけの違いはいろいろあると思うけど、日本の現状の心地悪さ、気持ち悪さというところでは、感じてるところは同じだと思うんですよ。

適菜 そうですね。

清水 閉塞感やニヒリズムに浸り、利己的に自分のことだけを考えて生きようと思っている人は少なくないと思います。たしかに、この格差社会では、頑張った者が必ず報われるとは限らない。持てる者は富をなしていくという土壌の中で、幸せとはなにかという本質的な問題を考えざるをえない。

適菜 国民の管理が進められてる一方で、簡単にガス抜きができる状況になっている。絶望とか希望とかそういう選択肢すら考える余地もない。ぬるま湯の中で、ぼんやりした不安に支配されている連中が、なんとなく現状を肯定している。だから、安倍が国を売ろうが、嘘をつこうが、大きな騒ぎにはならない。メディアに新着ニュースを与えられてガスを抜くだけです。

清水 わかります。大学生ラグビーの悪質タックルだとか、アマチュアボクシングの会長とか、ガス抜きのネタはたくさんあるわけです。あと、コンビニに並んでいる自己啓発本ですよ。掃除をやって幸せになるとかね、片づけをすれば幸せになるとかね、願いが必ずかなうポジティブシンキングとか。

適菜 共産党の理想より、部屋を片付けるほうがまだ現実味があるような……。

清水　ちょっとお。でも、それで本当に、いいんですかと。現実逃避で、自分の心を、ごまかしてませんかと。では、今、何が必要かと。一億総革命家になることですよ。暴力は肯定しませんが、みんなで鉢巻きして、適菜収を囲んで、理想を唱えてなにが悪いんだと。とにかく「安倍、辞めろ！」「維新の会ダメだ！」というてやっていく。それが正しいとか、はたから見て、カッコいいかどうかはわかりませんが。それは後世の歴史家の判断に任したらいい。弱者を叩いて留飲を下げたり、ゴシップや自己啓発本やスピリチュアルなものに飛びついて、自分をごまかすのではなく、「おかしいもんは、おかしい！」「オレは変える！」と言ってね。その人にできることでいいと思う。ツイッターでもいいし、抗議の文章を送ったり、デモに参加したりね。それをみんなでやろうぜと。一億総革命家になろうよと。ただ、革命という言葉がおかしかったら、「一億総安倍退治」でいいんですよ。安倍退治をした後は、維新の会退治でいいんですよ。

適菜　倒した後はどうなりますか？

清水　その先に、何があるかはわからへん。でも、今よりはいい。倒した後の達成感がある。また出てきたら、それを倒せばいい。倒していくうちに、社会の発展が、待っていると思う。その土壌に僕は水をやりたい。

適菜　職業倫理は大事ですね。みんな、それぞれの持ち場で戦わなきゃいけないと。

福沢諭吉
啓蒙思想家、教育者、蘭学者、著述家。慶應義塾の創設者。『学問のすゝめ』『文明論之概略』など。

清水　そうです。

適菜　私は文章で戦うし、清水さんは政治の現場で戦っているし、右翼は本来なら……。

清水　そこの部分は削っておきましょう。

適菜　ははは。でも、デモもツイッターもガス抜きになってしまっている。ヒトラーを潰したのはデモでも世論でもなくて、結局、軍事力じゃないですか。

清水　だから、安倍は、アメリカの逆鱗に触れないように、媚を売ってるんですよ。戦後レジームからの脱却というなら、反米でしょう。アメリカからの自主独立が、戦後レジームからの脱却のはずなのに、自分からすり寄っていく。

適菜　だから日本は戦後レジームの脱却から脱却したんですよ。安倍がやったのは戦後レジームを完成させることでした。残念ながら、すでにそれは完了しております。

福沢諭吉（一八三五～一九〇一年）は、近代の本質を掴まない限り、近代に対峙できないと考えました。「保守の文字は復古の義に解すべからず」というのは、近代という宿命について考え続け、安易に捏造された価値に飛びつくなということです。そのための武器が福沢が言う「学問」であり「人民独立の気力」なのです。

清水　ポツダム宣言もまともに読んでいない男が、戦後レジームを語り、憲法を知らない男が改憲を唱える。

適菜　すでに日本が手遅れであることを自覚することです。そこからしか議論は始まりません。

あとがき

作家・適菜収氏との対談は刺激的であった。保守的な論壇人としてのイメージが強く、共産主義に対して辛辣な意見を包み隠さず発信してきた方だけに、本当に対談が成り立つのだろうか、ともすればお互いの主張のみをぶつけ合うだけのすれ違いの議論に終始してしまうのではないかと身構えたのだが、それは杞憂に終わった。

それは、安倍政権にしろ、橋下維新にしろ、得体の知れない気持ち悪さについて問題意識を共有していたからに他ならない。これらと対峙するためには右も左も関係なく、月並みな言い方をすれば〝力を合わせて〟戦わなくてはならないということなのだ。

なぜ安倍政権が倒れないのか、なぜ大阪では維新政治が幅を利かせていられるのか、単に野党の脆弱さやポピュリズムに流されがちな国民の感覚にその原因を求めるのではなく、嘘と強権、マスメディアを使った巧みな印象操作、対立と分断を持ち込み自らの支持をつなぎとめる狡猾な手段によるものであるというところまで解明できたのは成果だったと思う。また、共産党が目指す政治理念や共産主義・社会主義のイデオロギーなどについてお互い突っ込んだ議論ができたことも貴重であった。正直、噛み合わない部分も多分にあったわけだが、それだからこそ私たち日本共産党が改善すべき課題などを浮き彫りにできたと歓迎したい。

安倍政権は、閣議決定により、憲法違反の安保法制（戦争法）を強行した立憲主義破壊の暴君である。秘密保護法、盗聴法の拡大、共謀罪法の成立を次々と押し通し、人権と民主主義を窒息させようとしている。単なる言い間違えではなく、本気で自分を「立法府の長」だと認識しているのかもしれない。対立する勢力に対しては、「こんな人たちに負けるわけにはいかないではありませんか」と、自らに従わないものを敵として徹底的に攻撃し、分断を図る。このやり方は大阪における維新政治と共通している。

安倍政権は、外国人材を無秩序に受け入れる入管法を規制緩和。TPPやEPAにより日本の伝統的農業を海外に売り渡す亡国の政治を繰り返してきた。さらに、水道事業まで水メジャーの利益に差し出す民営化法まで成し遂げた。年金支給額は物価の上昇に遠く及ばず、むしろ下がった。米国のいいなりに兵器を爆買いする様には防衛省の元幹部でさえ首を傾げている。その上、消費税率の引き上げを企てる。

株価つり上げのために日銀が株を爆買いし、GPIFは虎の子の年金積立金を運用し、二〇一八年末には一五兆円もの損失を出した。毎月勤労統計の不正問題で明らかになったように、偽りの景気回復を演出し、アベノミクスの成果だと経済指標を糊塗してきたことの罪は計り知れない。

沖縄では繰り返し「辺野古移転ノー」の民意が示されているにもかかわらず、米軍新基地建設に向けた土砂投入が傍若無人に行われている。地方自治と民主主義を踏みにじる暴挙である。

「日本を取り戻す」との掛け声のもと、安倍政治が進めてきたのは結局、国民生活を破壊し、米国やロシアに屈服し、日本の文化と歴史を破壊する売国の政治に過ぎなかった。

最重要課題と位置付けたはずの拉致問題はなんら進展を見せていない。米国のトランプ大統領を通じることでしか金正恩にモノが言えない日本の総理の態度に拉致被害者の関係者でさえ不審を隠さない。反韓・嫌中でナショナリズムを煽り立て、自らの支持につなげようという姑息なやり方にも憤りを感じる。

このような安倍政権を、陰に日向に支え続けているのが、維新政治なのだ。かつて橋下徹氏は、「憲法変える安倍さんのためならなんでも応援する」「住民投票は憲法改正のための予行練習」と言い放ち、憲法破壊の突撃隊としての本質をあらわにした。石原慎太郎氏が率いた太陽の党との合流の際、憲法九条を変えるという綱領に「これはすごい」と狂喜乱舞したのも橋下徹という人物であった。

その見返りに、大阪万博誘致に勤しみ、カジノ解禁を急いだのが安倍政権である。この国の将来を憂う人たちにとって日本の政治史上類を見ることのない最凶・最悪のタッグチームだと言えよう。

大阪で生まれた維新の会は、二重行政解消の名の下に、医療機関や福祉団体への補助金を削り、九万人という署名が集まったにもかかわらず住吉市民病院閉鎖を強行した。ドル箱だった大阪市営地下鉄を民営化したせいで、単体で赤字運営だったバスは大幅に縮小され市民の移動手段が奪われた。わずか数人の定員割れを理由に公立高校を六校も廃校にした。

子供たちには競争と序列の教育を押し付けテスト漬けにしている。子育て世代の支持獲得のためか、塾代クーポンなるものを配布してきたが、その結果、大阪市の学力は政令市で最下位。自らの失政を棚に上げ校長や教師にその責任を転嫁するやり方も卑怯極まりない。

職員基本条例を制定し、公務員を全体の奉仕者から権力者への奉仕者へと変質させようとした。大阪市職員への思想調査アンケートが憲法違反と断罪されたのは至極当然のことである。

カジノや高速道路などの巨大開発を意のままに進めるためには、大阪市の財源と権限が必要であり、「二重行政解消」「ワン大阪」などのスローガンで住民をかどわかし、一人の指揮官がやりたい放題の大阪をつくることが都構想の狙いである。

二〇一五年五月一七日に大阪市を廃止するか否かの住民投票が行われた。結果は僅差であったが「反対」が多数となり、都構想は明確に否決されたのだ。当時の橋下市長は「僕の考えが間違っていたんでしょうね」と述べ、その夜の記者会見で政治家引退を表明した。もう決着はついた。

二〇一八年の暮れに、再度住民投票を行うとの公明党との密約が破たんした。行き詰まった当時の松井知事は状況を打開すべく、知事と大阪市長の出直しダブル選挙をぶち上げた。しかし、これは現職の首長が選挙を有利に行うことを禁じた公職選挙法の悪用だとマスコミからも批判された。統一地方選挙でも維新の苦戦が伝えられる中、自民党も「維新との最終決戦だ」と意気込んで見せた。私たち日本共産党や民主勢力も、維新政治を終わらせるために、住民投票で築き上げた反維新の共同で挑むことを決めた。

窮地に追い込まれた維新は、もっぱら野合批判を展開した。自民党から共産党までイデオロギーの違う政党が維新の改革を阻んでいるのだと、反維新勢力は守旧派であるというイメージを植え付ける作戦に出たのである。

これに対しては、日ごろから適菜収氏が述べているように、それだけ維新が異質の危険を伴う勢力であり、保守・革新の垣根なしに共闘して打ち破らなくてはならない存在であることを明らかにして戦かうべきだった。

ところが自民党は「共産党とは一切関係ない」「共産党と共闘しているのは自民ではなくむしろ維新」と、共産党攻撃を行ったのである。その結果、共闘は内側から瓦解し、自民党支持層の半数が維新候補に投票するという結果を招いたのだ。

また、維新は、争点だったはずの「都構想」にはまったく触れず、高校授業料や保育料の無償化などの一定の実績の上に、もっぱら「大阪の成長を止めるな」と万博をテコにした展望を語った。これらが維新を改革者と映し出し、有権者の支持を得たことは事実であろう。

その後、国政選挙における維新の進撃に脅威を感じた自民党大阪府連と公明党が維新に屈服し、住民投票や都構想に賛成する立場を表明したことはあきれるばかりの変節である。有権者、支持者への許しがたい裏切り行為であることを指摘しておきたい。

同時に、時を同じくして維新の会所属の丸山穂高議員の「戦争しないとしかたなくないか」発言や、公認予定だった長谷川豊氏の部落差別発言は、維新がいかに平和と憲法、人権をないがしろにする政党であるかをあらためて白日の下にさらすこととなった。

このような国や大阪の現状を静観することができず、批判を恐れず、権力者におもねることなくペンを取り続ける適菜収氏の気概は、私たち日本共産党の思いと重なる。

日本共産党は綱領で、「議会の多数を得て社会変革を進める」——これが日本共産党の一貫した方針であり、「暴力革命」には縁もゆかりもないことをどうか読者の皆様にはお知りおき願いたい。

マルクスは労働者が平和的手段によって政治権力を獲得することができるとしていたし、エンゲルスも武力衝突を時代遅れと批判し、普通選挙による合法活動を評価していた。社会主義というのは、一人ひとりの国民が主人公でなくてはならず、全体主義とも違う。日本共産党は、国民を抑圧する官僚専制の体制だった旧ソ連の誤りは、絶対に再現させてはならないと考えている。
マルクスが描いた未来社会像の中心は、「人間の発達」が保障される社会である。社会が変革されて、社会が必要とする生産手段を社会化し、労働をみんなで分担するようになれば、資本家による搾取はなくなり、一人ひとりの労働時間が短縮されて、自由に使える生活時間が大きくなる。スポーツや文化など、人間の力を自由に発達させる条件が、社会のすべての人に保障される。ここに、私たちのめざす未来社会論がある。

適菜氏とも議論となった自衛隊については、段階的解消という方針だ。まずは日米安保を第10条の廃棄条項に従って解消する。その後に、防衛予算のもちろん削減に取り掛かる。アジアの平和な関係を築く外交努力を最大限おこない、日本が憲法第九条を条文どおりに具体化しても、アジアの国々とちゃんと安心して平和に生きていけるような、そういう状態をつくりあげることで、国民的合意を得る日が来るだろう。

党名について。適菜収氏の期待を裏切ってしまうが、実はまったく変えるつもりはない。コミューン（共同）に由来する日本共産党という党名には、党創立以来97年間の歴史と同時に、未来社会の展望がこめられている。また、戦前から、国民主権と侵略戦争反対の旗をかかげて、自主独立の立場を貫いてきた歴史が刻まれているからだ。

企業・団体献金を受け取らず、政党助成金を拒否し、党費と機関紙代収入、そして個人募金によって自主財政を確立している。だからこそ、財界・大企業におもねることなく、消費税増税に反対し、社会保障の充実、格差是正と富裕層の負担をと主張できる。この党を大きくするために政治家として、一人の党員としてこれからも頑張りたい。

私たち野党が国民と連帯し、魅力ある政策を掲げ、単なる選挙区のすみわけでは終わらない、本気の共闘を行えば、安倍政権や維新政治は倒せる。沖縄のように。

翁長雄志前沖縄県知事は、沖縄県の基地問題は、もはやイデオロギーの問題ではなく、アイデンティティの問題だと言った。保守は革新を尊敬し、革新は保守を尊敬し、共に圧政と戦う。この信条にこそ、安倍でもない、維新でもない、新しい日本の未来を切り開くヒントがある。私たち日本共産党が政権に参加するために、何と向き合い、何を受け入れ、何を乗り越えていく必要があるのか。そうした問題提起をいただいた対談だった。

あらためて、適菜収氏とＫＫベストセラーズの鈴木康成氏に感謝したい。

共産主義者　清水忠史

写真◎共同通信イメージズ、アフロ

著者略歴

適菜 収（てきな・おさむ）

1975年山梨県生まれ。作家。ニーチェの代表作『アンチ・クリスト』を現代語訳にした『キリスト教は邪教です！』、『ゲーテの警告 日本を滅ぼす「B層」の正体』、『ニーチェの警鐘 日本を蝕む「B層」の害毒』、『ミシマの警告 保守を偽装するB層の害毒』、『小林秀雄の警告 近代はなぜ暴走したのか？』（以上、講談社+α新書）、『日本をダメにしたB層の研究』（講談社+α文庫）、『日本を救うC層の研究』、呉智英との共著『愚民文明の暴走』（以上、講談社）、『なぜ世界は不幸になったのか』（角川春樹事務所）、『平成を愚民の時代にした30人のバカ』、『「アベ友」トンデモ列伝』（共著）（以上、宝島社）、『安倍でもわかる政治思想入門』、『安倍でもわかる保守思想入門』、『安倍政権とは何だったのか』、『問題は右でも左でもなく下である』、『もう、きみには頼まない 安倍晋三への退場勧告』、『遅読術 情報化時代に抗え！』（以上、KKベストセラーズ）など著書多数。

清水忠史（しみず・ただし）

1968年5月5日大阪府生まれ。日本共産党衆議院議員（2期）。党大阪府委員会副委員長。大阪経済大学中退後、飲食店で働く傍ら松竹芸能のオーディションに合格し、漫才コンビツインタワーを結成（1993年〜1995年）、テレビ番組にも出演した。阪神淡路大震災（1995年）のボランティアを契機に政治に関心を深め、日本共産党に入党（1997年）。その後専従職員となり、「しんぶん赤旗」梅田出張所長に。2007年の大阪市会議員選挙（福島区選挙区定数2）で当選。当時の平松邦夫市長と論戦を交わす。任期途中であった2010年に参議院選挙大阪選挙区から国政をめざすも落選。その後、国政をめざす中で「ラジオ派遣村」（ラジオ大阪）、「Charge up RADIO」（Kiss FM KOBE）でパーソナリティも務めた。2014年の衆議院選挙で比例代表近畿ブロックから初当選。2017年総選挙では次点に泣くも、2019年4月に繰り上げ当選となり、国政復活を果たす。国土交通委員会、地方創生特別委員会に所属。好きな言葉は「行き倒れより食い倒れ」。特技はバナナの叩き売り。

日本共産党
政権奪取の条件

2019年7月15日　初版第1刷発行

著者　適菜 収
　　　清水忠史

発行者　小川真輔

発行所　KKベストセラーズ
　　　〒171-0021 東京都豊島区西池袋5-26-19
　　　陸王西池袋ビル4階
　　　電話 03-5926-6262（編集）03-5926-5322（営業）
　　　http://www.kk-bestsellers.com/

印刷所　近代美術

製本所　積信堂

DTP　三協美術

装幀　フロッグキングスタジオ

ISBN 978-4-584-13932-5 C0095